"三农"风景里的青春力量

浙江省优秀农创客案例

吴黄娟　主　编

李孝初　王渡丹　杨盼盼　副主编

浙江工商大学出版社
ZHEJIANG GONGSHANG UNIVERSITY PRESS
·杭州·

图书在版编目（CIP）数据

"三农"风景里的青春力量：浙江省优秀农创客案例 / 吴黄娟主编．—杭州：浙江工商大学出版社，2021.9
ISBN 978-7-5178-3924-8

Ⅰ.①三… Ⅱ.①吴… Ⅲ.①农民致富—经验—汇编—浙江 Ⅳ.① F327.55

中国版本图书馆 CIP 数据核字 (2020) 第 103312 号

"三农"风景里的青春力量——浙江省优秀农创客案例
SANNONG FENGJING LI DE QINGCHUN LILIANG
ZHEJIANGSHENG YOUXIU NONGCHUANGKE ANLI

吴黄娟 主 编
李孝初 王渡丹 杨盼盼 副主编

责任编辑	熊静文
责任校对	厉 勇 鲁燕青 韩新严
封面设计	林朦朦
责任印制	包建辉
出版发行	浙江工商大学出版社
	（杭州市教工路 198 号 邮政编码 310012）
	（E-mail：zjgsupress@163.com）
	（网址：http：//www.zjgsupress.com）
	电话：0571-88904980，88831806（传真）
排 版	林朦朦
印 刷	杭州高腾印务有限公司
开 本	710mm×1000mm 1/16
印 张	14.25
字 数	227 千
版 印 次	2021 年 9 月第 1 版 2021 年 9 月第 1 次印刷
书 号	ISBN 978-7-5178-3924-8
定 价	88.00 元

序

实施乡村振兴战略,是党的十九大做出的重大决策部署,是决胜全面建成小康社会、全面建设社会主义现代化强国的重大历史任务,是新时代"三农"工作的总抓手。青年,是乡村振兴的建设者和中坚力量。在浙江的广阔农村,有一群农创客,他们45周岁以下,大学毕业,在农业领域创业创新;他们敢闯敢拼,逐梦田野,是乡村振兴的弄潮儿与生力军;他们朝气蓬勃、奋发有为,为"重要窗口"增添了一道亮丽的"农创"风景。

近年来,浙江省农业农村厅紧紧围绕推进"两进两回"行动,持续在农创客培育上发力,初步形成了省市县三级协同推进农创客培育的浙江样板,全省已累计培育农创客近七千名。

我们广聚共识,吹响了集结号。连续五年在省农博会上展示农创客整体形象,省委书记袁家军、省长郑栅洁等省领导竖起大拇指点赞;农创客一词被写入省政府工作报告,政策向农创客倾斜,项目为农创客优先;省级以上主流媒体刊播相关报道250余篇,社会各界广泛关注。

我们广谋良策,打出了组合拳。连续三年举办千名农创客大培训,提升了农创客的创业能力与水平;连续四年举办全省农村创业创新大赛,挖掘了一大批农创客典型;召开农创客工作座谈会、研讨会等达十余次,助力政策支持;举办农创客资本相亲会、农创客众筹对接会、线下游学及产销对接等活动60余次,助力资源整合;与省农行签订20亿元贷款授信,助力金融扶持;疫情期间组织龙井茶专场直播,带货超480万元,助力电商服务。

我们广汇强兵,组建了生力军。推动成立由农创客、农技专家、涉农高校、创投机构等主体参加的省农创客发展联合会，全力打造统一资源平台。省、市、县三级农业部门同频共振，形成工作合力，引导农创客扎根农村、投身农业，成为乡村振兴战略的生力军。

大势将至，未来已来。下一步，我们还将通过政策引导、平台创建、资源对接、培训提升、示范带动、队伍建设等多种途径，培育更多的农创客投身农村"双创"事业。在广袤的农村大地，农创客必将以勃勃生机迸发出燎原之势，用智慧点燃创业创新更高的沸点，托起浙江农业农村更美好的明天。

目　录

H 湖 州
HuZhou

J 嘉 兴
JiaXing

S 绍 兴
ShaoXing

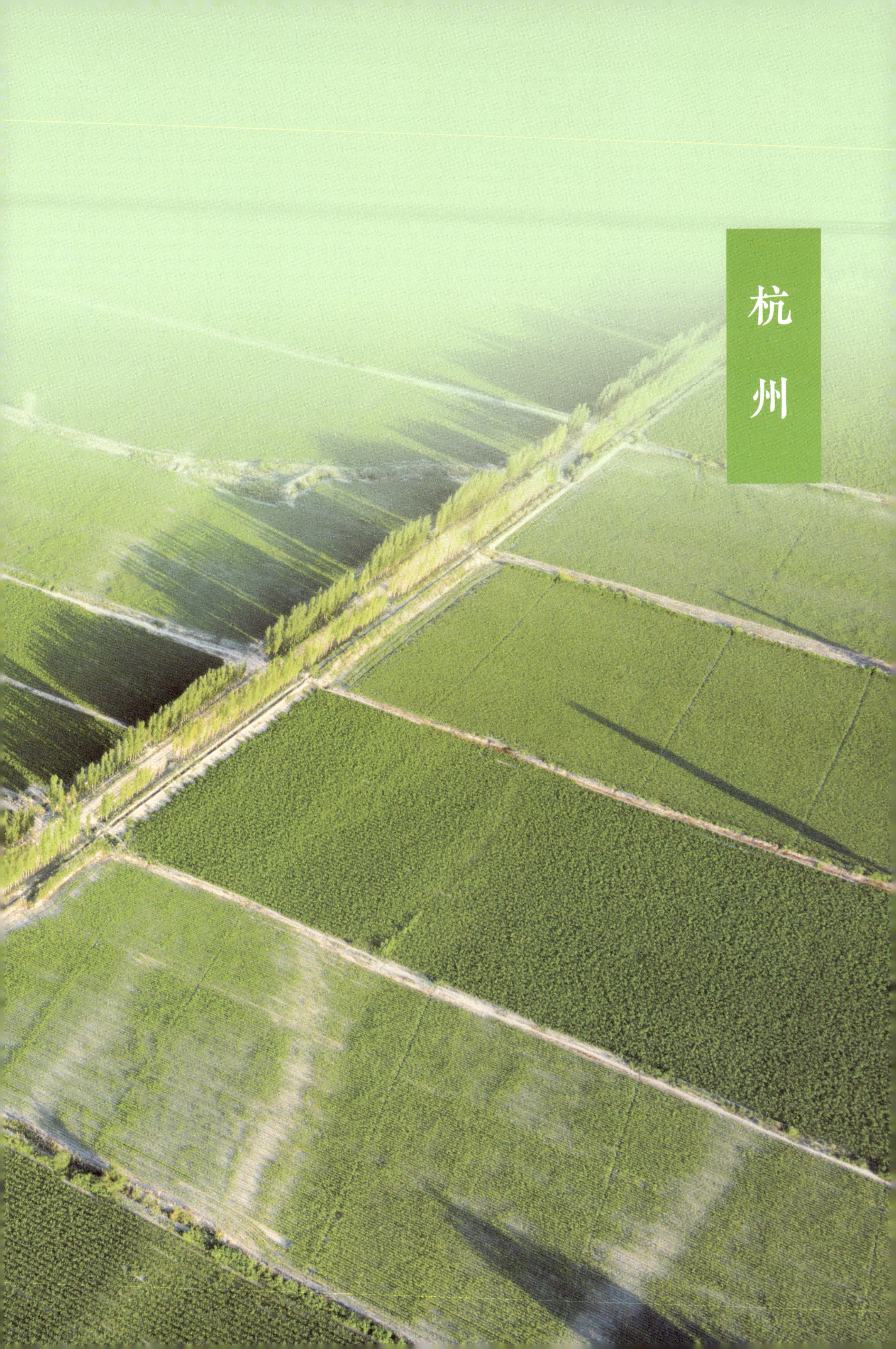

杭州

李晓军
打造"互联网＋茶业"电商新模式

创业名片

　　李晓军，男，1982年生，安徽芜湖人。毕业于中欧国际工商学院，国家级评茶师、民建会员、政协杭州市滨江区第一、第二届委员，杭州市总工会第十四届委员会委员。现任杭州艺福堂茶业有限公司董事长兼CEO，浙江省农创客发展联合会会长。曾获第三批国家"万人计划"科技创新领军人才、国家科技创新创业人才、中国茶叶行业年度经济人物等荣誉。

创业经历

　　2006年7月，刚刚大学毕业的李晓军来到杭州，在8平方米的出租房里，在淘宝网上注册了"东艺茶业"，踏上了艰辛的创业路。

　　2008年，杭州艺福堂茶业有限公司正式成立，当年的销售额就达到了434万元。经历了基础年、模式年、人才年、品质年、品牌年后，李晓军打造出了自己独有的"艺福堂"营销模式，即原产地取材后，进入艺福堂标准化工厂，然后直接通过电子商务平台送到消费者手中。

　　李晓军大胆做出了"购茶零风险"的服务承诺。只要消费者购茶品尝之后不满意，30日之内可以无理由退货，来回邮费都由艺福堂承担。李晓军将这个承诺解释为"换位思考"，而艺福堂在实践这个服务承诺之时，天猫还在衡量"7天无理由退货"的利弊。

2009 年国家出台规定，任何在商场、超市销售的茶叶，都要经过 QS（质量安全）认证，必须拥有符合国家标准的生产线。尽管当时的艺福堂资金紧张，李晓军仍然投入 48 万元租赁厂房、增加生产线、购置所需设备，顺利通过 QS 认证。

目前，艺福堂已拥有 40000 平方米的经营场所，拥有中国第一家以 GMP 标准建立的茶叶生产线，会员数量已超过 1500 万，销售金额突破 3.5 亿元，在欧美几十个国家注册了 EFUTON 商标。未来，艺福堂将在全国建立区域仓库，在产茶大区建立自己的茶叶原产地基地，将现代管理模式（GAP → GMP → MC）贯通整个产业链，打造茶业电商全新生态。

创业成果

艺福堂的销售平台遍及淘宝、天猫、京东等大家熟知的电商平台，日均发货超百万元，连续 10 年领跑互联网茶行业。艺福堂已经从一个淘品牌发展成为互联网茶叶领导品牌，入围 2017 年首届"CCTV中国品牌榜"，获"国家高新技术企业""中国茶叶行业综合实力百强企业""国家级电子商务示范企业""全国百佳农产品品牌""浙江省农业龙头企业""杭州市十大产业重点企业""杭州市农业科技企业""杭州市名牌产品""最具发展潜力品牌"等一系列荣誉。

王晓桢
开拓数字化农业产业服务新模式

创业名片

王晓桢，女，1979年生，浙江桐庐人。毕业于上海第二工业大学。浙江省农创客发展联合会会长团成员、杭州市第十三届人大代表、杭州市桐庐县第八届政协委员。现任安厨控股有限公司董事长。曾获全国农村创业创新优秀带头人、浙江省农业电商创业导师、浙江省农村青年致富带头人等荣誉。

创业经历

王晓桢出生在农村，对农业和农民有着独特的感情。经过多年对农业产业的摸索，加上对互联网的认知，王晓桢认识到互联网农业具有不可估量的发展前景，互联网能"拯救"农业。

2013年，王晓桢创立安厨，以"用数据改变农业"的愿景和"一群有情有义的人一起干一件有意义的事"的理念，同一个年轻、专业并富有创造力的团队进行农业产业服务。

安厨用6年时间，从一家电商公司发展成为一家农业产业服务公司，业务也由单纯的电商平台运营升级至多项业务。

安厨提供的农业产业公共服务，旨在帮助农业部门建立农业产业公共服务体系，通过服务中心赋能农业经营主体，破解农业小生产对接大市场的难题。

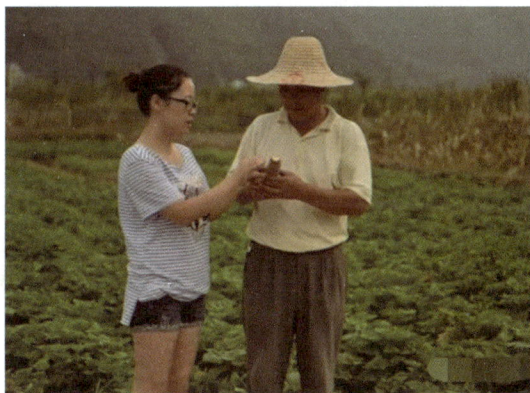

安厨提供的农业大数据服务,旨在帮助政府实现农业、农村工作数字化转型,运用大数据和人工智能技术提升乡村治理、产业发展和社会化服务能力。

安厨开发的农产品电商平台,旨在为促进农产品流通建立专业的电商交易平台,包含网上农博、安厨优选以及农产品集配管理系统。

安厨的产业园运营服务,旨在为县域农业产业发展建立一个农业产业的集聚地,产业发展的助推器,农创客的孵化器。

未来,王晓桢和她的团队将重点推进农业产业的数字化发展,推动互联网和农业产业的融合发展,培育和壮大农业农村数字经济,推动乡村产业质量变革、农村经济效率变革、乡村发展动力变革,全方位、宽领域、多层次助力农业产业发展。

创业成果

经过6年的不断探索和研究,安厨已经成为农业产业服务的引领者,提供的农业产业公共服务已经覆盖全国9个省共20多个县。农业大数据服务联合阿里云已经与平湖、衢州、文成等地签订了战略合作协议。安厨优选在上架商品种类不多的情况下,月交易流水达到40万元,月活跃度在30万人左右。安厨优选汇集了全国各地的优质农产品,共有2000多款商品,并提供发货、物流、文案和售后等一站式服务。

陈方龙
致力于最具创造力的饲料添加剂领导者

创业名片

陈方龙，男，1978年生，浙江诸暨人。毕业于浙江大学。浙江省农创客发展联合会名誉会长。2008年以来自主创立诸暨市临江生态鸽业有限公司、杭州大动脉科技有限公司，合伙创办武汉兴鼎生物科技有限公司、江西兴鼎科技有限公司、江苏兴鼎生物工程有限公司、杭州圆龙宠物医院有限公司。曾获浙江省首届十佳大学生农创客等荣誉。

创业经历

2001年，陈方龙因舍不得放弃所学专业，毅然到杭州党湾养殖有限公司担任养猪技术员。当时他每天要干的活很多，光给猪打疫苗一天就得打1000多头猪，还要阉猪、看病、配饲料，整个人常常是一身异味。

2002年12月，陈方龙转行去了一家经营兽药的贸易公司做了销售工作，工作虽顺利，但这仍然不是他心之所向，便毅然辞职去了杭州。待业生活不易，生活捉襟见肘。凭着过硬的专业素质，多年的刻苦实践，以及自身强大的毅力，陈方龙重燃斗志。做兽药营销生意，履职正大集团下属公司、美国礼来公司等，经过摸爬滚打，他学到了很多东西。2008年，注册成立了诸暨市临江生态鸽业有限公司。鸽场开办初期，他也经历了苦、累、缺资金的阶段，也曾因疫苗程序操作不当,损失近 2000 只种鸽。好在他及时吸取教训,请教专家、查找资料,整理养鸽手册。从那以后,鸽场就再没出现过重大疫病,种鸽数量也比当初扩大了近 4 倍。

2008 年 10 月,陈方龙与人合伙收购了武汉兴鼎生物科技有限公司,独立研发生产出第一个关键性产品——恩拉霉素。这在当时是唯一经中华人民共和国农业部(农业农村部)批准合法生产的产品,全球就两家公司有正规销售批号。

2010 年,陈方龙团队又创建江西兴鼎科技有限公司,再次扩大兽药产品生产规模。到 2013 年销售额已达 1.8 亿元人民币,超过国外同类公司。

2015 年,陈方龙成立江苏兴鼎生物工程有限公司,专注兽用发酵产品的研发生产,发酵产品年产量达 10000 吨。2017 年,依托母校浙江大学导师的专业背景,成立杭州圆龙宠物医院有限公司,创业路上,陈方龙越走越远,越坚定。

创业成果

2006 年,公司团队获得礼来公司中国区兽医比赛第一名,为杭州市萧山区近 40 家养猪场提供场内指导,为猪场制订科学合理的免疫程序,成为最受猪场老板欢迎的技术团队。从农户型养猪、养鸡、养鸭到目前工厂化生产,公司已拥有两条 GMP 兽药生产车间,并在 2016 年国内首家研发生产仿制的恩拉霉素,将销售量做到全球第一。2018 年,陈方龙团队又成立了兴鼎集团公司,成为中部地区最有影响力的饲料添加剂厂商。

傅智建
用科技反哺农业

创业名片

傅智建,男,1987年生,浙江龙游人。毕业于温州大学。民建会员、高级经济师。现任海龟控股有限公司董事长、中国青年创新创业投资联盟副会长、中国青年创业导师、全国优秀创新创业导师(教育部)、贵州省第十届青联副主席、浙江省农创客发展联合会会长团成员、全国衢商总会副会长、杭州市海投会执行会长等职务。曾获全国农村青年致富带头人、全国向上向善好青年、最美浙江人——青春领袖、浙江省就业优秀个人等荣誉。

创业经历

创业的时代大潮浩浩荡荡,傅智建积极响应乡村振兴战略,带领海龟控股投身农村的开发建设,先后与安徽六安、四川南充、浙江湖州等地政府合作运营农业科技园、农业综合体等项目。对家乡衢州,傅智建一直以感恩之心,行反哺之举。海龟控股运营了衢州慧谷科技园、龙游电商城两个园区,服务300多家企业。其中,衢州慧谷科技园获得了浙江省省级特色工业设计示范基地、浙江省省级科技企业孵化器;龙游电商城获得了浙江省省级众创空间、浙江省电子商务创业创新园区、

衢州市市级众创空间等荣誉。

傅智建还积极关注扶贫及公益事业,为家乡的精准脱贫和乡村人才培养出资出力。海龟控股每年捐助 30 名衢州贫困儿童完成学业,每年组织 10 场以上公益活动,支持家乡扶贫、留守儿童帮扶,以及农村青年、返乡大学生的创新创业工作。

近年来,傅智建带领海龟控股着力建设科技创新型企业,帮助园区企业对接高校等产学研资源,积极利用海龟控股的国际化资源,帮助各地落实优质产学研项目及科技人才。

为了获取更多优质的技术和人才资源,海龟控股不断强化国际化战略,与麻省理工学院、哈佛大学、威斯康星大学麦迪逊分校、加州大学伯克利分校等海外高校在技术转移、项目合作、创业培训等方面建立合作关系;与 MIT-Chief、RocketSpace、Westlake Accelerator、500Startups 等机构在海外孵化器、人才项目引进、游学、访学等方面达成合作。

创业成果

创业 9 年,海龟控股已经在上海、浙江、广东等全国 14 个省市,负责 30 余个科技孵化园、农业科技园、电商产业园、文旅综合体、田园综合体、特色小镇的管理运营,服务 4000 多家入驻企业。一路走来,海龟控股积极发起和加入中国青年创新创业投资联盟、浙江省农创客发展联合会等行业协会,致力于构建和服务创业生态圈。由海龟科技负责运营的杭州梦想小镇国际创业中心、浙江青年众创空间等成为知名的行业孵化器。

许鑫瀚
城里人的中药生意经

许鑫瀚，男，1989年生，浙江杭州人。毕业于浙江财经大学东方学院。现任杭州三叶青农业科技有限公司董事长、浙江省农创客发展联合会会长团成员、杭州市余杭区乡村人才协会秘书长等。曾获浙江省2010年浙江教育十大年度影响力人物、第四届中国杭州大学生创业大赛二等奖（实践组）、浙江省首届十佳大学生农创客等荣誉。

创业经历

许鑫瀚毕业于浙江财经大学东方学院会计学专业，后就职于会计师事务所，现任杭州三叶青农业科技有限公司董事长。许鑫瀚与三叶青结缘源于一个罹患癌症的亲戚。通过亲戚服用，他发现了三叶青有极高的药用价值，并在心中悄悄埋下了创业的种子。

种植三叶青可不是件易事，整个过程不仅要深入了解草药的习性，还要考虑政策、资金链、人工成本等因素。为了更好地种植三叶青，许鑫瀚邀请了浙江大学生命科学学院、浙江理工大学生命科学学院的专家来担任技术顾问，并申请让公司成为这两所高等院校的教学与研究基地。

起初，许鑫瀚融资100万元，并承包了50亩地来种植三叶青。因为管理得当，原本亩产100斤的三叶青，产量增长了3倍，种植规模从50亩扩大至558亩。许鑫瀚对三叶青种植方法的研究和运用，缩短了三叶青的种植周期。

许鑫瀚的成功看似顺风顺水，实际上也饱含心酸。在种植三叶青的过程中，他也经历过山洪、干旱等灾害，公司面临巨大的损失。这期间，许鑫瀚的父母为了支持他，卖掉了杭州市主城区三套房子。

最终，许鑫瀚的公司凭借高质量、高产量的浙江三叶青产品成功牵手胡庆余堂，成为胡庆余堂三叶青粉剂的独家原药合作商，达成双品牌战略合作。

创业成果

经过几年的发展，公司成为实现浙江三叶青高效产出的国家高新技术企业，亦是能够采用生物工程技术快速繁殖三叶青种苗的企业，并且在技术上与浙江大学、浙江理工大学深入合作。"三叶青中药现代农业园区"已被评选为种植业"道地药园"省级示范基地、浙江省道地优质中药材示范基地、浙江省具影响力道地中药材种植基地。同时，公司与浙江理工大学联合开展扶贫项目，现已带动浙江省内贫困户种植三叶青1500亩。公司还独立承担了2015版《浙江省中药炮制规范》三叶青部分的修订，并报批发布了《三叶青生产技术规程》。

陆炜强

投身农业孵化器，做青年创业好管家

创业名片

　　陆炜强，男，1985年生，浙江杭州人。浙江大学，农学硕士。杭州市第十三届人大代表、全国农村创业创新导师、浙江省农创客发展联合会理事。现任杭州蓝郡农业科技有限公司总经理。获第十一届全国农村青年致富带头人、浙江省农村青年致富带头人标兵、 杭州市十佳农村青年致富带头人、中国（杭州）美丽乡村丰收节"创业新农人"等荣誉。

创业经历

　　2014年，陆炜强和他的创业伙伴开始从事农业服务工作，创建了蓝郡云农场这个特殊的新型农场——产权归农民，品牌建设、质量把控和销售则由公司来负责。

　　2015年，他带领蓝郡农业团队与顺丰控股集团合作，开展农产品互联网帮销业务，实现葡萄云农场单品类线上、线下销售破百万元，将富阳东洲街道的葡萄卖到全国各地。同时，他还与富阳农商银行合作，以"丰收驿站（流动服务站）+农业技术服务中心"的模式，在富阳建立实体流动服务站和多个杭嘉湖地区线下服务点，为农户提供农业生产资料、农业技术、金融助农等农业服务，覆盖农户近3万人。

　　2015年，陆炜强开始建设杭州地区首个专注农业创业项目的孵化器——蓝郡农业创客园，设计了包括创客空间、创客会客厅、植物工厂、创客之家、透明观光工厂、农创客研修院等六大功能板块,可为农创客们提供办公、农产品生产、产品展示、生活等一站式农业创业服务。

2016年,蓝郡农业增设蓝郡植物管家大讲堂,通过线上、线下相结合的培训方式,坚持免费为农户提供技术培训,把课堂从实验室搬到了田间地头,把农民培训成了"土"专家,成为带领农民增收的领头雁。

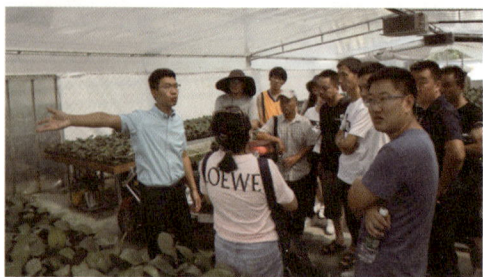

创业成果

经过多年的发展,蓝郡农业创客园已经成为国家级星创天地、浙江省大学生村官创业基地、浙江省级青创农场、杭州市富阳区青少年科普基地等。已经成功培育13支团队,50余名农创客,建设成果初显,吸引了一大批毕业于国内知名高校的农业人才来杭州创业就业,带来的项目包括高端花卉种植、农业生产技术服务、农产品溯源、农业研学教育等。2018—2019年度,园区累计产值接近6000万元,带动农村就业超过200人。

钱　源
扎根大山的"知青二代"

钱源，男，1985年生，浙江杭州人。毕业于浙江农林大学。杭州市十佳农村青年兴业带头人，浙江省农创客发展联合会理事，杭州市青年联合会第十二届委员会委员，桐庐县第八届、第九届政协委员。现任桐庐万强农庄有限公司总经理。曾获杭州市十佳农村青年兴业带头人等荣誉。

创业经历

钱源是个"80后"，父亲钱万强曾在桐庐插队，事业有成后又回到了桐庐承包了山地，办起农场。当钱源来到桐庐时，发现这里完全不是自己所想象的"世外桃源"，而父亲的生活环境简直可以用"艰苦"来形容。最天然的骨肉亲情使钱源决定留下来陪伴父亲。

暑假里，钱源主动到万强农庄帮助父亲打理农活，一步步学习，从一个毫无务农经验的城市青年变成了会给果树剪枝、除草的农活行家，迈出了融入大山的第一步。

大学毕业后，钱源把时间和精力都投入到协助管理万强农庄的工作上来,最终全盘接手了万强农庄的管理经营,走出了"一产带动三产,三产为一产服务"的模式。依托一定的种养规模,万强农庄打出了自己的特色:满山的桃、梨、杨梅,还有猕猴桃、樱桃、草莓,依照时序次第成熟,不同季节到来的游客能在玩赏山林的同时感受采摘水果的自然野趣。4月的茶园里,他们还架起茶锅翻炒茶叶,让城里的游客能够观看炒茶的全过程。

尽管旅游业发展蒸蒸日上,但农业始终是产业的中心,其中生猪养殖更是农庄最核心的循环动力。农庄里的猪粪经过处理后,除了供给自家的果蔬菜地,还可以免费送给当地果农作为肥料,但前提是要求农户不能在游客采摘季节对果蔬喷洒农药。万强农庄帮助果农销售的瓜果蔬菜,因其天然无公害的特点,往往能够以高于市场价两三元的价格出售,这在增加农庄经济效益的同时更提高了农民的收入。

创业成果

2013年,万强农庄荣获杭州唯一的全国休闲农业与乡村旅游五星级单位。通过审批的《万强农庄休闲旅游度假区总体规划》也在逐步建设当中。

万强农庄先后被评为:浙江省农业科学发展创业创新十佳典范、浙江省大学生现代农业创业实践基地、杭州市民体验点年度最具品质体验点、励志教育万强基地、杭州市人民政府市级会议定点单位、全国休闲农业与乡村旅游五星级企业、浙江省参事室学习联系点、浙江省果蔬采摘基地、省市劳模接待站。

蓝城集团与万强农庄合作签约仪式

胡重九
打造植物组培界的"新东方"

创业名片

胡重九,男,1984年生,湖北鄂州人。毕业于浙江农林大学,硕士。现任杭州茉钡特生物科技有限公司总经理。曾荣获浙江省首届十佳大学生农创客、杭州市优秀大学生创业导师、第三届"创青春"中国青年创新创业大赛优胜奖、第十一届"最美杭州人——十佳农村致富带头人"等荣誉。

创业经历

2011年,创业之初,胡重九只有一辆三轮车和一间不足30平方米的出租房。他给浙江农林大学以及周边的高校、科研院所供应实验试剂、耗材、设备等,每天都往学校实验室跑。学校老师、学生做实验需要什么,他就供应什么。随着业务的扩大,2012年3月,胡重九和团队注册成立了杭州木木生物科技有限公司。

2012年,胡重九把自己的产品放到网络上,如淘宝网、拍拍网、百度产品论坛等,同时还创建了官方网站,做搜索引擎竞价排名。那个时候,胡重九集美工、程序员、推广员、打包员于一身,自己给产品拍图、上架、营销、发货,一切事情都亲力亲为。

同年7月,胡重九结合自己的专业,把公司产品销售和业务定位于植物组织培养领域,专业销售组培设备、耗材、药品,以及做相关技术咨询。通过精准的定位,经过一年时间积累了大批的企业客户与组培从业者。半年之后,公司组培产品在小类目稳居第一,销售额也直线上升。

2013年初,胡重九的团队开始组建实验室,开展技术研发,为业务销售提供了强大的技术支持。2015年,胡重九团队已建立了拥有多项自主研发知识产权的 500 平方米的组培实验室,建立了近百亩种植示范基地和配备先进设备的连栋温室大棚。

从最初单一的组培设备销售,到组培技术研发、组培技术培训、组培苗生产,形成了成熟的经营模式,胡重九团队还把自己研发的蓝莓、软枣猕猴桃、树莓、白芨等种植项目在全国多地推广,多次下乡开展种植技术培训,讲解种植技术,传递市场信息等,希望给当地农民带去更多的致富新点子。

创业成果

经过几年的稳步发展,木木生物团队从最初的 2 个人发展至 30 余人,研发的植物组培技术品种达 15 种,组培技术培训推广至今已有 600 余人,服务农业企业 200 余家,申报专利 60 余项,通过了知识产权管理体系认证,并获得了国家高新技术企业认定。2020 年,胡重九注册成立了杭州茉钡特生物科技有限公司,再次创业。

周静怡
走好西湖龙井茶传承之路

创业名片

　　周静怡，女，1981年生，浙江杭州人。毕业于浙江传媒学院，大学毕业后进入电视台工作。2004年，周静怡回乡，成为"茶二代"，投身西湖龙井茶传承之路。现任杭州古森龙井黑茶文化传播有限公司总经理，获评茶师、茶艺师、茶疗师资质。

创业经历

　　周静怡出身于茶叶世家。2004年，因为骨子里对茶的挚爱，她放弃了安稳的电视台工作，选择了继承父业，成为一名"茶二代"，开始了她的茶叶人生路。

　　西湖龙井茶作为"中国名茶之首"，是杭州的城市名片之一，也是承载着杭州厚重历史文化的代表性符号。父亲是"狮牌"西湖龙井的创始人，几十年坚守在制茶第一线。周静怡跟随父亲系统学习制茶的每一个过程，并坚持数年投身茶叶制作之中。

　　2010年，"周建德西湖龙井茶技能大师工作室"成立。工作室联合西湖龙井茶核心产区合作茶农，实行茶园基地化、无公害化建设管理，聘请农技专家对茶园进行技术指导，实行无公害化生产。团队在茶园源头管理、茶叶品质提升、茶品牌塑造与宣传、产品规范销售、炒茶师

技能培训、品茶体验环境等方面下功夫,全力维护杭州西湖龙井茶的品牌形象。

2008 年,"西湖龙井茶制作技艺"被列入国家非物质文化遗产名录。工作室承担起西湖龙井茶制作技艺(手工制茶)新技术、新工艺的推广、教学培训任务。通过传、帮、带的方式,以老带新,使茶叶加工,尤其是手工制茶技艺得到传承。

此外,周静怡将企业发展与公益事业相结合。工作室每年在西湖龙井茶核心产区设立多个茶叶收购点,帮助茶农增收致富。除此之外,2016 年,周静怡团队成立中国国际茶文化研究会茶文化体验馆,把全国各地的优秀茶企与茶楼、茶馆直接对接起来,汇集全国各民族优秀的茶艺流派,搜集全国各地各种名优茶,展示全国各民族优秀的茶艺、茶道。

创业成果

工作室指导服务西湖龙井茶核心产区茶农约 2000 人次,服务茶山 2000 余亩,茶农经济效益增加 10% 以上。

工作室培养了一批在茶叶领域既有绝技又能技术创新的高技能人才作为后备军,传统工艺和茶文化得到

传承与推广。体验馆频繁举办公益讲座与品鉴活动,将杭州名茶与旅游、品茶、购茶相结合,加强与国内外茶人的交流,带动了茶相关产业联动融合发展,丰富了中国茶都的茶文化内涵,提升了中国茶都的品牌知名度,成为杭州展示茶文化的重要窗口。

顾晓明
以品质做强品牌的"草莓君"

创业名片

　　顾晓明,男,1980年生,浙江杭州人。毕业于杭州技师学院。现任浙江绿鹰农业科技有限公司总经理。曾获杭州市余杭区出彩青年人等荣誉。

创业经历

　　顾晓明的农创路缘起于一个故地重游的故事。时光倒退到2005年,已经参加工作的他,偶然间经过父亲经营过的砖窑厂旧址。触景生情,他回忆起儿时的画面——一排排码放整齐的灰黑色砖块。而眼前的这处旧址满目荒凉,取代砖块的是成堆的生活垃圾和肆意生长的杂草。

　　强烈的今昔对比,他产生了要接力父辈,在这块土地上开垦奋斗的想法。不久后,他就投入到土地的流转和平整中。这之后的4年,是顾晓明从一个农业门外汉蜕变为行家里手的关键时期。因对政策不了解和对市场不熟悉,顾晓明前4年的种植运营缺少规划,经济效益惨淡。在经历过迷惘、困顿后,他开始做精细化市场调研,对经营做减法,迎合市场需求专攻草莓种植。过硬的质量和周到的客户服务,使得企业效益开始好转。

　　2009年夏季,在持续2个月的市场调

研后，顾晓明发现市场对优质草莓有着强烈的需求。于是，他把"种给家人吃的草莓"作为企业的发展理念。要达到这个目标，精力和资金的投入是巨大的，光养护土地，就得持续数年。顾晓明说："土地最讲公平，你给它多少爱护和尊重，它一定回馈你相应的产出。"

为做好品控，他参照其他行业规范，在企业内部制定草莓种植生产规范流程和草莓生产标准。同时，他引进南京农业大学硕士生充实团队力量，并与浙江省农科院、扬州大学等开展合作，频繁向同行、专家取经；尝试在大棚模拟自然光，让植物在阴天也能进行高强度光合作用，插上小牌子实时记录营养数据、培植进度……

创业成果

公司与扬州大学合作，改草莓传统地面种植为架式种植，运用水肥一体化技术，提升生产环境和经济效益，成为省"一县一品一策"重大专项实施单位。架式种植为浙江省草莓清洁化栽培做出了示范。

公司在 2011 年通过浙江省无公害草莓认证，成为当时杭州市余杭区唯一一家草莓无公害认证企业；2015 年，自主品牌"派缇"成为杭州市余杭区唯一一个通过国家绿色食品认证的草莓品牌，并连续 4 年在全国精品草莓擂台赛中夺得金奖。2011 年，草莓君主题农场获杭州市市民体验日最具品质体验点荣誉。

公司引入风靡日本的淡雪、雪兔等稀缺品种，不断满足顾客不出国门就能品尝国外优质草莓的需求。

马 宽

躬耕在茶园的海归"农二代"

创业名片

马宽,男,1989年生,浙江杭州人。毕业于澳大利亚纽卡斯尔大学新加坡校区。民建会员。杭州市余杭区径山茶产业农民合作经济组织联合会第一届理事会理事长。现任杭州径山五峰茶业有限公司总经理。曾获浙江省优秀农创客标兵等荣誉。

创业经历

马宽,土生土长的杭州市径山人。他身材高大、肩膀宽厚,还有一张有棱角的脸,不说话的时候给人北方汉子的错觉,一开口,脸上便露出温柔的笑。马宽是个不折不扣的"茶二代",家中有800余亩茶园,父亲是一个在茶产业领域耕耘了10多年的老茶人。

2011年,在新加坡完成学业的马宽选择回到径山,回到自家茶园。当时很多人不理解,好不容易从大山走到城市,为什么还要回来呢?马宽的回答是,打从记事起,父母就在山里采茶、制茶,山居岁月的点点滴滴已烙印在他心头。是那份爱山、爱家乡、爱茶的乡愁牵引着他回到家乡。

回到家乡后,马宽用心观察茶园的一切。他看到父辈们对茶有一种融入

骨血的爱，但在互联网新时代下，父辈们在营销方式、茶园防灾能力提升等方面也遇到了瓶颈和困难。

在仔细调研茶饮市场后，马宽将目标客户从传统人群转向年轻人，在单纯的产销中加入茶点、茶品等衍生品的开发。他要做自己的茶品牌——五峰，打破过去粗放型种茶、卖茶的"常规"。

他积极参加省、市、区组织的各类茶艺研修培训班，通过高级评茶员考试，为基地引进优质新品种，尝试采用有机肥料施肥，杜绝使用农药。每年4月底春茶采摘结束后，对茶树进行剪枝处理，截下的枝条、茎叶就地掩埋作肥料。剪枝可以有效防止虫害，虽然人工成本增加了，但茶叶品质提升了不少。目前，五峰茶厂已成功推出柚子茶等一系列衍生新品。

创业成果

经过近十年的积淀，五峰茶业有限公司的茶产品已获得国内外各大展会奖项，如2014年捷克评茶大会金奖等，还获得杭州市名牌产品等诸多荣誉。2018年，在杭州市余杭区农技推广中心的支持下，公司和中国农业科学院茶叶研究所共同开启径山茶新品种培育和改良试验项目。

未来，公司将逐步将基地打造成一个集观赏、体验、餐饮、住宿为一体的三产融合创意茶园，让越来越多人爱上径山、爱上径山茶、爱上禅茶文化。

苏　鸿
以技术创新服务茶企、反哺茶农

创业名片

　　苏鸿,男,1985年生,浙江淳安人。毕业于清华大学。2010年毕业于美国南加州大学土木工程专业,硕士学位。现任杭州健坤实业董事长、浙江丰凯机械股份有限公司总经理。

创业经历

　　苏鸿曾是淳安理科状元,本科就读于清华大学,后又留学美国。苏鸿的父亲在1998年创立了浙江丰凯机械股份有限公司,在父亲的熏陶下,苏鸿对茶情有独钟。2011年5月,苏鸿放弃在美国的高薪工作,毅然回国,并担任浙江丰凯机械股份有限公司总经理职务。

　　苏鸿深知,茶企、茶农的需求是驱使茶机进行技术创新的动力源泉,服务好茶企、茶农才是公司的安身立命之本。他经常带领公司技术骨干团队去全国各地茶企、茶园进行实地考察。他们记录了不同品种、不同地区、不同气候的茶叶特性,并以此为依据,设置符合当地茶叶炒制要求的茶机各项技术参数,并对茶机的生产工艺

进行改进。此外，苏鸿于 2015 年参与编著《名优绿茶连续自动生产线装备与使用技术》，使得绿茶生产实现连续化和自动化，大大提高绿茶的产量和效率，有效降低了人工成本。随着时代的发展，消费者对茶叶的需求也发生着深刻变革，年轻人追求时尚，先富起来的商务人士追求高雅，茶叶越来越成为一种文化符号。为了更好地服务茶叶的终端消费者，苏鸿有计划地奔赴各地调查了解不同地域、不同社会群体对茶叶的不同需求，通过把握市场脉搏，形成自己对茶叶终端市场的判断，并把这些研究成果融入茶机的生产中。

创业成果

2014 年，"扁形名优绿茶连续化自动化加工技术与成套装备"荣获浙江省科学技术进步三等奖；2018 年，"名优绿茶生产加工关键技术创新与成套设备研发"荣获浙江省科学技术进步奖二等奖；2019 年，浙江丰凯机械股份有限公司获得"浙江制造"扁形茶加工成套设备团体标准的"品"字标。

2018 年 8 月，浙江丰凯机械股份有限公司与浙江吉利集团合作贵州扶贫攻坚制茶装备项目，为当地广大茶农实现脱贫致富贡献了自己的一分力量。截至 2019 年，苏鸿参与和主持的技术成果获得实用新型发明 40 项，取得发明专利 19 项，参与制订行业标准 4 项。

王 运
种粮大户开拓传统农业转型发展之路

创业名片

王运，女，1990年生，浙江建德人。毕业于中国农业大学。现任建德市建坤农业开发有限公司总经理，兼任共青团建德市委副书记。曾获浙江省十佳农创客标兵、新时代杭州十佳农村青年致富带头人、建德市劳动模范、乡村产业技能大师等荣誉称号。

创业经历

王运是个"农二代"，她的父亲王建坤是全国种粮大户，1994年就开始规模种植水稻，2009年成立了建德市建坤农业发展有限公司，承包稻田2000余亩。王运本在杭州铁路客运中心上班，为了帮助父亲，她选择了返乡。

王运担任总经理后，一方面，运用互联网技术，引进智慧农业，在示范基地安装监控，对虫情、气象等进行实时数据采集并汇总信息，结合专家决策系统获取反馈控制指令，及时、准确地发现问题和解决问题；另一方面，公司进行绿色食品产品认证，严格按照《绿色食品水稻生产技术规程》组织生产水稻。依照国家标准严格控制化学合

成肥料和高毒高残留农药的使用,使用有机肥,改善农业生态环境,避免大气、水源、土壤污染。

2016年起,公司聘请中国台湾地区专家徐嘉鸿博士作为技术指导,推进水稻标准化生产。公司还参加全市水稻标准化安全生产技术培训,在生产、加工、包装、储运、销售等各个环节上推行全程监控,严格控制农业投入品,并加强农产品质量安全监管,确保产品质量安全,打造"稻舞田间"牌"建坤生态米"绿色食品。

公司实行农旅结合的发展模式,将美丽农业打造与发展乡村旅游有机结合。2016—2019年,公司连续举办了杭州建德市国际稻香节,先后被《人民日报》《杭州日报》《钱江晚报》等媒体报道,扩大了公司及"稻舞田间"牌大米的知名度,带动了当地乡村旅游和休闲农业的发展。

创业成果

经过几年探索,农旅结合让公司收获了经济效益与社会效益,2019年公司生产水稻、小麦、油菜等共计170万公斤以上,年农业产值达到660万元。公司拥有农艺师3人,农民技师3人;依托建德市农技推广中心等单位,聘有高级农艺师1人,高级工程师1人。同时,在相关部门的指导和帮扶下,公司不断发展壮大并有效地带动周边农户致富,帮助农户年增加收入约1万元。

宁波

肖 艺
青春的梦，与仙草共成长

创业名片

肖艺,女,1984年生,浙江宁波人。毕业于英国皇家玛丽女王学院,国际管理文学硕士。国家心理咨询师、国家高级中医推拿师、国家健康管理师。现任宁波易中禾生物技术有限公司董事长、浙江省农创客发展联合会理事。曾获浙江省农村青年致富带头人、浙江省优秀农创客标兵、宁波市巾帼建功标兵、宁波市级先进妇女之家示范标兵、宁波市行业杰出人物等荣誉。

创业经历

肖艺在归国后借鉴国外的先进管理模式,本着传承国粹、关爱生命,用爱心做好健康事业的决心,于2012年7月创办了易中禾生物科技有限公司。公司总部坐落于宁波东钱湖畔云龙前徐村,是一家集中医药科普种植、中药材精深加工、中医药观光、文化乡村休闲旅游为一体的农旅融合综合体。依托"新芝生物"的雄厚科研实力,公司开发了铁皮石斛、金线莲等系列产品,拥有超声波粉碎、细胞破壁等高新技术,获得7项国家专利,连续7年通过国家有机认证,有效成分达到国家标准的2.4倍。

易中禾拥有由博士、硕士、高级研究员20余人组成的研发团队,对接俞梦孙院士团队成立易中禾院士工作站,引进浙江理工大学生命科学学院院长梁宗所博士后团队,成立药用植物研究院,并被宁波市人民政府列入"泛3315人才计划"。公司拥有200亩野外中药

材原生态种植、产品深加工及养生文化等系列基地,拥有300万余株珍稀铁皮石斛驯化苗、2000万株生物组培苗。公司研发的产品包括铁皮石斛驯化苗,铁皮石斛鲜条,铁皮枫斗,铁皮石斛花茶,纯铁皮石斛破壁冻干超微粉、含片等系列,并已进入香港、台湾等市场。公司集成生物科技、健康服务、旅游观光等综合新业态,建成保健食品GMP生产线、养生功能体验区、药膳区,同时在园区内种植360多种中草药。

已拥有百岁坊、仙草苑、易中禾堂、九大仙草展示区、户外百草园、有机石斛质谱园、国药馆等自然与人文相结合的景点,努力打造生态种植与养生休闲文化融为一体的中医药"医、养、游、学"综合体,实现中医药产业升级。

创业成果

易中禾现拥有GMP生产车间1个,SC食品生产车间2个,旗下拥有"仙草夫人"有机护肤品牌、"周氏养生七法"文化传播培训等养生服务机构,拥有6000平方米中国中医药特色养生健康园。

与旅游相结合,公司建有360多种中药材科普种植示范园,建有易中禾仙草园二十景。2018年累计接待游客12.6万人次。公司为农户提供就业岗位60余个,使农户累计实现增收600余万元。

仙草园先后获得"国家级星创天地""国家星火示范基地""全国农技推广试验示范基地"等数十项荣誉。

赵　洁
"农庄小公主"变身"创客大姐大"

创业名片

赵洁,女,1982年生,浙江宁波人。毕业于清华大学继续教育学院。现任宁波青农创旅游文化发展有限公司总经理、浙江省农创客发展联合会理事。耕耘宁波市奉化乡村旅游十一载,从毅然告别都市白领生活,助推自家农庄转型升级,到成立乡村旅游"智囊团",赵洁打造了农业创意项目展示平台。

创业经历

大学毕业后,赵洁在一家外贸公司做韩语翻译。2008年,一次家庭谈话改变了她的职业生涯:父亲希望她回家,帮他经营农家乐。最终,赵洁选择了辞职回乡。

赵洁开始策划简单的体验项目,和一些种植基地联动,开展采摘游;与旅行社合作,设计旅游、吃饭一条龙线路……农家乐摘掉土菜馆的牌子,从光做饮食拓展到体验式旅游。小点子带来大变化,生意慢慢红火起来。

正当赵洁准备施展拳脚大干一番时,2013年,资金周转因故出现吃紧,赵洁只能转让农家乐。那时的她几乎陷入绝境,何去何从又是一场艰难的抉择。反复思考后,她坚信自己已经离不开这片田野,她的事业必然属于乡村。

乡村旅游缺乏专业人才，需要更多年轻人的创意和激情去改变。为了解决这个痛点，赵洁成立了一家专门服务乡村旅游项目的策划公司，吸引了一批有志于投身农村创业的年轻小伙伴加入她的团队，设计、策划、营销等各个环节都有专人负责。

那几年，赵洁主要对涉农旅游项目进行策划、包装和推广。她在山上种植油菜，开花季游人如织，成为当地的"网红打卡点"，同时也带动了周边农户土特产的热销。

油菜花项目的成功，让团队的干劲越来越足。赵洁想通过搭建平台，让更多返乡创业青年相互抱团，帮助他们少走弯路。

幸运的是，这个想法得到了镇里的大力支持，提供了近900平方米的空间让赵洁团队运营。赵洁将这个空间命名为青农创客平台，主要有交流、服务、孵化三大功能。

创业成果

投身乡村旅游11年，赵洁成为年轻农创客口中的"大姐大"。"青农创客平台"也逐渐步入正轨。

赵洁把自己的农场叫作"莓好农创园"，这个占地300亩的农场不仅是她自己田园梦想的实验室，更是"农创客"梦想展示的舞台，为游客展示各种有意思的农业项目。目前农场硬件设施基本建好。未来，大棚里还会种植展示银耳、猴头菇、虫草花之类的新鲜菌菇，将成为农场的新亮点。

陈　仲
遵循自然，打造绿色优质生态蟹

🏷 创业名片

　　陈仲，男，1988年生，浙江宁海人。毕业于宁波工程学院。现任宁波点对点商务有限公司总经理。曾获2015年宁波市首届农村电商大赛一等奖、2018年宁波电商武林大会铜奖、2018年宁波市十佳农产品经济人、2019年第三届全国农村创业创新大赛铜奖、2019年创青春青年创业创新大赛金奖、浙江省十佳农创客标兵等荣誉。所创"蟹大人"品牌被誉为"宁波市十大水产品品牌"。

🏷 创业经历

　　"蟹大人"成立于2013年，是一家以青蟹养殖、销售、深加工为主的水产公司。公司基地位于三门湾青蟹核心产区——浙江省宁海县一市镇，拥有现代化暂储基地1万平方米，自由养殖面积300余亩，联合养殖面积近3000亩，年销售青蟹30万只以上。公司秉承"遵循自然"的理念，采用自然海域原生态放养、天然鱼虾为饵、依时循法人工捕捞、自动循环水养系统净化的方式，致力于为消费者提供绿色优质的原生态青蟹食材。

　　品质源于专注。历经三代，逾40年的青蟹养殖经验是"蟹大人"的品质保证。从原始的地笼捕捞到生态化养殖，从传统的草绳捆绑到无绳专利包装，从常规的青蟹产品到精品软壳蟹，"蟹大人"始

终以青蟹为本,为客户而变。

2015年"蟹大人"引进国内先进的自动循环水养设备——蟹公寓,蟹公寓日均暂储达1.2万只。养殖技术的提升带动了农户及区域伙伴实现合作共赢,并与非洲马达加斯加等国家的企业达成销售技术帮扶协议。2016年,"蟹大人"与宁波大学海洋学院成功研发"软壳蟹",打破了市场的空白。2018年,公司完成SC生产认证,青蟹的深加工产品可实现全年销售。

创业成果

公司运用蟹公寓循环水养系统,突破了软壳蟹技术壁垒,打破了传统青蟹绑绳的弊端,实现365天连续供应,解决了农产品季节性断货问题,走上了区域产地联盟基础上的品牌化之路,带动周边养殖户增收致富。

任　刚
电商营销打造"乐活"果园

创业名片

　　任刚，男，1987年生，浙江宁波人。毕业于金华职业技术学院。现任宁波市海曙乡野果蔬专业合作社理事长、宁波市海曙洞桥新莳农场总经理。兼任宁波市海曙区洞桥镇团委副书记。荣获2017年宁波市农村青年致富带头人，宁波市青年电商创业创新大赛一等奖等荣誉。

创业经历

　　2009年，任刚大学毕业后，从事了一年外贸工作。2010年，源于对农村割舍不断的情怀，他辞职在庙准山流转了150亩山地，做起了农民，准备打造一座"花果山"。

　　任刚根据庙准山独特的地理位置，瞄准了采摘游市场，并进行了合理规划。他种植了日本白桃、中国樱桃、本地杨梅等不同品种的果树。利用水果成熟时间的不同，形成错时采摘，拉长了采摘游时间。

　　2013年4月，果园的第一批樱桃熟了。任刚与第三方电子商务营销团队合作，宣传采摘游产品。结果市场反响如任刚预料的一样，第一年"小试牛刀"便一炮打响。第二年，采摘人数达到1万人次，收入30万元。任刚"乘胜追击"，

开出了线下农产品实体直营店,形成了线上引流、线下采摘、门店销售的良性产销链。

这些年,任刚持续增加对新莳农场的投入力度,以无公害农产品为标准,采用先进的现代化水肥管理系统管理果园。在服务上,从客户下单采摘游产品开始,就提供跟踪服务,不仅有当天天气的提醒,还有针对老人、小孩注意事项的温馨提示,同时会推荐采摘游之外餐饮等详细的配套服务,还为回头客准备了专门的伴手礼。

2017年任刚成立海曙乡野果蔬专业合作社,种植樱桃、白枇杷、日本白桃、雷笋等果蔬,面积达800余亩,2018年产值超500万元。2019年,他帮助农户售出600多箱水蜜桃,并将自己所得利润全部捐给宁波青年基金会,帮助黔西南困难儿童。

创业成果

任刚帮助农户生产经营农产品,规范农户生产流程,严格要求所生产的农产品必须达到无公害标准。实行合作社产销一体化,增加了农民收益,提高了产品的产量和品质。通过网上销售、采摘活

动、休闲观光,宣传了合作社的农产品,带动城市里人来农村消费,给城里人带来健康快乐的同时也带动了周边各行各业的发展,帮助当地百姓就业,提高收入。2019年,海曙乡野果蔬专业合作社被评为宁波市市级示范化合作社。

童伟标
打造美丽田园综合体

创业名片

童伟标，男，1981年生，浙江宁海人。毕业于南京大学。现任浙江达人旅业股份有限公司董事长。曾获宁波市江北区优秀企业家、宁波市江北区优秀管理者、品牌宁波年度人物、宁波创业创新风云人物、宁波市创业成长之星等多项荣誉。

创业经历

童伟标2001年参加工作，在社会上历练3年后，25岁白手起家创立宁波运通旅游公司（现浙江达人旅业股份有限公司），于2007年投放使用了首个基于Web技术的B2B收客交易平台。通过自身的学习和创新，短短数

年，公司就在业内发展壮大，斩获业界多项荣誉，并率先在省内启动旅游门店连锁模式。2011年，随着互联网和移动互联网的快速发展，童伟标又一次抓住时机转型创新，相继成立了电商中心、科技公司，大力发展旅游O2O模式。2015年，随着公司的不断拓展，童伟标开启了旅游产业化、集团化发展模式。达人村项目建设是他开启旅游产业化发展模式的重要举措。项目从2017年

4月奠基开工，耗资2.5亿元，于2018年国庆节期间试营业，2019年，综合营收达到5000万元。

达人村通过旧村改造，结合拆违治危，修旧如旧，将农旅项目和民俗文化结合，注重把农村生态资源、农业资源、民俗文化资源等进行整体性规划开发。修缮后的老屋极具20世纪80年代特色，成为城里人寻找乡愁记忆的理想胜地。同时，达人村为村庄和农民带来了乡村振兴的红利，成为中国新乡村音乐的首批基地，以及当地村民最重要的休闲场所。

目前，达人村项目已具有一个大IP、10个主题式IP，拥有完善的线上、线下营销平台，尤其是拥有60万粉丝的蜗牛社群抢购平台，带来爆发式引流。同时该项目带动农村社会经济的发展，提升农村自然景观，规范农村的建筑形态，整合农村经济产业链，打造了优质的"宁波城市花园"。

创业成果

浙江达人旅业股份有限公司2017年成功在新三板挂牌上市，在宁波市已有7家控股合伙公司、4家分公司，30个运营网点遍布宁波及浙江其他城市，已向200多万达人村会员提供服务。2019年达人旅业全年交易规模达5.5亿元，旅游服务人次达200多万，旗下产业首家达人汉宾酒店获五花级酒店称号，首个景区达人村入选国家农村产业融合发展示范园。

蒋凌云
开心农场，打造农旅结合新模式

蒋凌云，男，1978年生，浙江宁波人。毕业于华南师范大学现任宁波市镇海开心家庭农场总经理、宁波市镇海梦蓝庄园农业发展有限公司董事长、宁波市镇海区农技协会监事、宁波市镇海区旅游协会农家乐分会会长、中共宁波市河头村总支部委员会副书记。曾荣获浙江省农村青年致富带头人、宁波市镇海区优秀共产党员、宁波市镇海区"十佳杰出青年"等荣誉。

创业经历

蒋凌云毕业后做过酒店中西点心师，机械公司销售及售后服务。之后，又凭借前几年跑销售的经验和资源，成立了自己的五金加工厂。

2009年，一次逛超市，蒋凌云看到了从万里之外远道而来的蓝色精灵——蓝莓，被其高昂的价格和可能的高额利润所吸引。回家后他一边从事五金厂的生产，一边思考能否将蓝莓引进到国内，自己种植销售。2009年底，蒋凌云从山东引进600株蓝莓苗在自家1.8亩农田里进行试种。因为当时没有技术、经验，只是按照传统种植方法直接栽培，导致蓝莓苗全部死亡。在总结失败原因后，蒋凌云聘请专家，专门学习蓝莓种植技术，经过3年的摸索，最终掌握了蓝莓在宁波当地水稻田的种植技术。2012年，蒋凌云租赁30亩土地，成立了宁波市镇海区开心家庭农场，旨在为宁波人民提供绿色无公害的蓝莓。

通过几年的精心管理，2014年，园区内蓝莓正式开始挂果，当年就接待了5000余人次的采摘。2015年，农场通过和专业食品加工企业合作，开发了蓝莓红酒（四款）、蓝莓果干、蓝莓果糕、蓝莓果汁、蓝莓果酱等产品。农场深加工产品通过参加各类展会、推荐会、网络推广等，销售额每年达100多万元。2019年12月，九龙湖镇政府划了78亩土地作为开心亲子农场的新基地。新基地将以产业、文化、旅游"三位一体"，融合生活、生产、生态，打造集旅游、娱乐、休闲、度假、教育为一体的"亲子休闲农业园"。

创业成果

农场目前每年接待游客达2万余人次，对接集中采购企业7家，解决了20余户周边农民的就业问题，每个农户年增收2—3万元。未来3年，蒋凌云和他的团队将重点打造新的亲子农场，通过农业和乡村旅游的结合，把一、二、三产业融合在一起，全力打造新型高效农业，推动农业与旅游融合创新发展，为传统农业的供给侧结构性改革和产业转型升级探索一条重要的创新之路，树立新型农业标杆，助力乡村振兴。

周裕君
一块年糕的互联网之旅

周裕君,男,1984 年生,浙江宁波人。毕业于宁波大学。浙江省农创客发展联合会理事、宁波市北仑区第九届人大代表、宁波市北仑区农民合作经济组织联合会理事、宁波市北仑区青年绿色创业联盟盟主。现任宁波传家电子商务有限公司、宁波俞家文化传播有限公司和宁波俞家食品有限公司总经理。曾获浙江省农村青年致富带头人、宁波市首批电子商务导师等荣誉。

2011 年,在工业化速成年糕的冲击下,传了三代的"俞家年糕"坊面临倒闭。为了留住从小吃到大的年糕味道,周裕君毅然辞去干了 9 年的教师工作,通过互联网帮父母经营年糕作坊,从文案设计到布局装修等,亲力亲为。

2012 年 1 月 1 日,"北仑春晓俞家年糕坊"正式在淘宝上线,同年登上央视纪录片《舌尖上的中国》。凭借过硬的产品质量和良好的口碑,俞家年糕从

淘宝的"宁波俞家年糕哥"到天猫平台"年年高食品旗舰店",一路升级着宁波水磨年糕文化。

本着对传统工艺的坚持,以及诚信经营的原则,周裕君选用各地最好的食材,如桂林的桂花、山东的紫薯、云南的黑糖等,陆续创新开发出桂花年糕、艾草年糕、紫薯年糕、红糖年糕、枸杞年糕等20多种风味年糕。除此之外,他还研发出彩虹年糕、炸年糕片、彩色糍粑等新式年糕。

身为宁波市北仑区人大代表的周裕君,把如何将宁波年糕文化发扬光大,打造宁波水磨年糕的代表品牌这件事放了心上。机缘巧合,周裕君从香港得到了一个商标"年年高",品牌取自乾隆皇帝所说"年糕年糕年年高",把宁波年糕的品牌价值放大了。经过品牌文化挖掘设计,2018年天猫平台年年高食品旗舰店上线,目前品牌价值已超千万元。"年年高"既代表了年糕本身的文化内涵,作为礼品又有吉祥如意、兴旺发达的祈福寓意,对于宁波年糕来说,这是无价的。周裕君的名字和"俞家年糕"品牌登上了香港《文汇报》、《浙江日报》、《宁波日报》、《中华手工》、阿里巴巴旗下《电商卖家》等各大报刊。

创业成果

经过7年的发展,"俞家年糕"已经服务500万以上人次,平台用户关注量20万,最高年产值超过1000万元,成为当地互联网农产品品牌和销售的引领者。周裕君及其公司持有的"年年高""年糕哥""年糕先生"等十余个具有代表性的宁波年糕知识产权商标,带动了当地水磨年糕产业和农副产品海鲜等产业的互联网上行,为传统农产品的供给侧结构性改革探索了一条重要的创新之路,助力了产业发展和乡村振兴。

陈振华
打造中国领先园林互联网供应链平台

创业名片

陈振华，男，1980年生，浙江宁海人。毕业于西南科技大学。曾任职欧琳集团营销总裁、滕头园林苗木公司总裁。现任浙江绿龙生态科技有限公司董事长。是一名家电与建材、园林苗木行业企业战略、运营与营销实战专家。

创业经历

陈振华曾在工业领域扎根历练，一晃就是15年，从一名普通的业务人员，成为集团事业部总经理、营销总裁。在家电与建材市场成熟后，他急流勇退，跨界园林行业，带着全新商业模式卷起一场"产业＋互联网"风暴。2017年10月，他带领团队创建了浙江绿龙生态科技有限公司，宗旨为构建园林苗木及资材线上、线下交易服务系统，提高园林苗木行业企业化程度，建立行业标准，提高产业信息化大数据水平，同时还协同行业信用体系、金融体系建设，助推产业升级。

绿龙团队从三方面进行创新服务。一是协助需求端开发及核心供应商培育，定向生产培育，

联合集采,制订用苗标准等;二是针对供应端建立苗木主产区合伙人(提供更快速精准的服务),单品营销托管,会员招募(龙腾会员)等制度;三是针对产业交互平台组织行业会议、展览、交流,建设自有线上平台并提供服务,创建园林智慧产业园,提供供应链金融,以打造中国领先的园林互联网供应链平台。

浙江绿龙生态高效服务主要是基于"产业+互联网"平台创新研发的"高效益、高品质"可规模化复制的循环系统,用"产业+互联网"唤醒传统农林业。

未来,陈振华和他的团队将重点打造生态园林产品从设计、种植、施工、养护到市场消费的完整服务链,推动互联网与生态园林的融合创新发展,通过"产业+互联网"运营服务体系的建设和模式创新,建立国际领先的大规模园林互联网运营服务体系。

创业成果

经过两年多的探索,浙江绿龙生态科技有限公司在全国成立了7家子公司,业务覆盖全国;研发了2个自有平台,线上用户近2万家;组织国内外行业活动40余场,平均每月1—2场;发展龙腾会员近100万户;目前在全国有3个计划投资上亿的智慧产业园正在规划中。子公司苗木种植基地达1350亩。2018年公司销售额近2000万元,2019年的销售额近亿元,呈现爆发式增长。

孙来达
打造余姚杨梅"梅老大"

创业名片

　　孙来达，男，1979年生，浙江余姚人。毕业于江西科技学院。浙江省第十届农村科技示范户、浙江农艺师学院在职研修生首批创业导师、"梅老大"杨梅品牌创始人、余姚市梅老大杨梅专业合作社负责人。产品荣获宁波市第二届"十大名果"（杨梅）金奖。杨梅保鲜技术获得新型实用发明专利。两次接受CCTV-7《聚焦"三农"》和《乡村大世界》栏目专访，多次荣获"余姚杨梅王"称号。

创业经历

　　孙来达出生于余姚市丈亭镇，中国有名的杨梅之乡，是荸荠种杨梅发源地之一。他于2009年创建了余姚市梅老大杨梅专业合作社，品牌为"梅老大"。

　　2016年，200亩荸荠种杨梅基地通过绿色食品认证。合作社发展成为专业从事杨梅苗木繁育、绿色精品杨梅生产销售、技术咨询服务、深加工开发为一体的现代农业科技示范企业。

　　十年来，"梅老大"已成功打造了中西部地区近百个大型精品杨梅标准生产基地。由于常年不落叶，优质精品杨梅树越来越多地被作为乡村景观树种来使用。树形优美的杨梅树，常常被选为绿化园林工程树种。

　　合作社联合高等院校，积极开展杨梅保鲜技术攻关，建立产地保鲜冷库和新型杨梅包装开发研究中心，专业从事杨梅从开花结果到成熟和保鲜系列产业化研究和实验，最终研究出一整套杨

梅保鲜技术，使得杨梅经预冷、包装后，可以保存一个月之久。

合作社大力发展杨梅采摘游，不断推进杨梅产品深加工，杨梅干、杨梅果酱、杨梅果汁、杨梅浸泡酒、杨梅蜜饯、杨梅果酒、杨梅白兰地等产品，在国内及国际市场上深受好评。

合作社利用精品杨梅生产技术优势为客户提供前期规划设计、优选种苗、引种移栽、整形修剪、平衡施肥、三疏技术、病虫害优化防治等全程技术服务。

团队每年都会赴贵州、陕西、湖北等欠发达地区，为农户免费提供技术服务讲座，并把优质种苗以低于市场的价格供应给山区乡亲，让他们在家门口就可以种出优质的杨梅。

创业成果

2016年，200亩荸荠种杨梅基地通过中国绿色食品发展中心认证，拿到荸荠种杨梅种植基地第一张绿色认证证书。合作社成立十几年，凭着诚信经营、科学种植、科技创新，带动周边农户200多户，辐射杨梅园2000余亩，年带动周边农户增收300万元以上，同时帮扶中西部地区发展杨梅生产，创造了较好的经济效益和社会效益。

胡晶金

汗水浇灌田野　青春逐梦田园

创业名片

　　胡晶金,男，1986 年生,浙江慈溪人。毕业于绍兴文理学院元培学院。现任宁波慈溪市三北金慈果蔬农场负责人、宁波市慈溪市坎墩玉兰果蔬农场场长,宁波市慈溪市青年农促会副会长等职务。曾获全国农民培训"百名优秀学员"、宁波市农村青年致富带头人、慈溪市十佳农创客等荣誉。

创业经历

　　胡晶金从小在父亲承包的农场长大,对农业有着难以割舍的情怀,也不忍年纪渐长的父母继续劳碌耕耘于田地, 2009 年,胡晶金大学毕业后,在龙山承包了 600 亩土地,创办了慈溪市三北金慈果蔬农场。

　　农场一成立,他就着手注册了"坎农""慈绿佳"商标。管理相对成熟后,他开始申报无公害农产品、GAP 认证,先后有 5 个产品获得认证,获得出口植物源性食品原料种植基地检验检疫备案证书。这些闪亮的名片成为他的产品打入各地市场的"通行证"。

　　同时,胡晶金敏锐地察觉到休闲采摘农业的广阔前景。凭着累积的种植经验,他建大棚、引品种,重点发展樱桃番茄、草莓、火龙果等水

果,向小而精的高效精品农业发展。靠着悟性和刻苦钻研精神,他慢慢摸索出

了一套特有的种植和管理模式,从农业的"门外汉"成长为经验丰富的农创客。

胡晶金始终坚信科技是现代农业发展的第一要素,每年在主推优势品种的基础上,主动尝试引进新品种,不断推陈出新,牢牢抓住顾客的需求。同时与多家农业科研单位合作开展科技研发,不断实现产品多元化。

在政府的大力支持下,胡晶金与周边的农创客联手合作,不断探索"农旅+""休闲+"的发展模式,打响了"慈溪农创客"品牌,也使坎墩大学生农创园成为全省首屈一指的大学生创业园。

在带领大学生创业的同时,他不断鼓励周边老农户试种新品种、尝试新方式,开展慈善扶贫和对接帮扶。农场已安置残疾人 12 人、辐射残疾人 40 户、贫困户 30 户,面积 200 亩。通过培训指导,残疾人种植户的技术管理水平得到明显提高。农场先后被评为慈溪市残疾人扶贫基地、浙江省残疾人扶贫基地、慈溪市慈善扶贫基地。

创业成果

公司与海通、慈溪永进冷冻食品有限公司等建立了长期的创汇蔬菜订单关系,年销售蔬菜 2600 吨,实现亩产效益 2000 元。公司打响了"玉兰"品牌,实现了与客户点对点的精准销售,亩产效益 5000 元。胡晶金的创业事迹先后被《人民日报》《宁波日报》等媒体报道。

杨荣曦
打造国内一流优质柑橘供应链

创业名片

　　杨荣曦,男,1980年生,浙江象山人。毕业于浙江大学,2011年获上海交通大学农业推广硕士学位。现任宁波市乐味果业有限公司总经理。曾被聘为宁波市林业标准化技术委员会委员、浙江省果品产业技术创新与推广服务团队柑橘组专家。曾获宁波市青年科技奖等荣誉。

创业经历

　　从浙江大学果树学专业毕业后杨荣曦一直从事果树学专业相关工作:2002年,在象山县林业特产技术推广中心从事农业技术推广工作;2011年底,任林特中心主任;2016年,组建象山县柑橘产业联盟,任秘书长,积累了丰富的与柑橘相关的工作经验。2019年,为更好地投入柑橘产业,他申请停薪留职,筹建乐味果业选果中心,并购买了日本最新型的选果机,计划打造世界先进、国内领先的无损选果体系。

　　杨荣曦团队致力于以"红美人"为主的优质杂柑类柑橘的培育、种植、分选、销售等,是县内单体面积最大的优质柑橘生产基地之一,自有种植基地300多亩。在生产技术上,他充分运用连栋大棚进行设施完熟栽培、反光膜覆盖增糖促着色、生草栽培、起垄筑墩等栽培技术,对基地进行科学化管理,柑橘的品质进一步优化。杨荣曦在象山松兰山旁建立了2000多平方米的选果中心,2019年又引入世界一流、国内领先的自由果杯式水果内质分选机,以提升产品稳定性,可实现对每个柑橘从糖度、酸度、重量、大小等多个维度进行检测。通过分选系统的精准分级,象山柑橘的品质更加优质和稳定,柑橘品牌上了一个新高度。同时,他还专门建立柑橘技术团队,与浙江大学果树研究所、浙江省柑橘研究所、宁波市农科院等科研院所达成技术合作,建立柑橘栽培试验基地,针对"红美人"等柑橘品种进行配套优质栽培技术研究。

未来,杨荣曦和他的团队将重点打造国内一流的优质柑橘供应链,做好品控和配套服务等,树立柑橘界标杆,助力乡村振兴。

创业成果

2019年,基地"红美人"柑橘进入大量投产期,总产量达30多万斤,选果中心选果量达50万斤,服务30多种植户,带动当地50多人就业,拥有较好的经济效益和社会效益。在2019浙江农业之最"红美人"擂台赛中,夺得可溶性固形物含量第一名,并以外观内质综合最高分获得综合品质类冠军。

温州

林福荣
返乡创业，担当乡村振兴使命

创业名片

林福荣，男，1983年生，浙江温州人。毕业于东北农林大学。浙江省农创客发展联合会会长团成员、混沌大学温州站站长、温州大学瓯江学院创业导师。现任温州九城印象农业发展有限公司董事长。曾获浙江省"互联网+"创新创业大赛红色青年筑梦之旅商工组金奖，温州创青春创新创业大赛乡村振兴组银奖等荣誉。

创业经历

林福荣是一名土生土长的温州人，也是一名连续创业者，先后创立了香港荣生行有限公司、深圳色计师时尚科技有限公司，辅助创建了深圳海潮特训实业有限公司。

作为一个地地道道的温州人，林福荣的身上有着浓浓的故乡情怀。2016年12月，林福荣回乡成立了温州九城印象农业发展有限公司，开始了农业创业之路。园区占地面积2883亩，已开发730亩。团队利用自身良好的运营能力、管理方式，解决了乡村旅游发展过程中"缺品牌""缺软硬件设施""缺产业链规划"等问题，同时也解决了农业企业缺乏标准化管理和行业服务团队等问题，帮助合作社对接政策，帮助园区企业对接农

民。林福荣团队采用港式管理理念建立了园区管理的标准，将创业型公司的运营理念导入创业园区。

此外，在项目建设的同时，林福荣团队也吸引了一大批项目进行园区配套建设，比如万全政府的月亮湾工程落地于周垟，推动了党建、文建共同发展。九城印象还引入了"水乡示范带"，作为示范带的起点，起到了吸引人流、稳固人流的作用。

创业成果

两年来，林福荣接待了200多批次近郊旅游团队，服务了2万人来园深度体验，推动了17家合作基地的发展。团队累计助农增收30%以上，推动当地农户就业80余人，雇用本地以及周边村临时工800余人，以农耕文化、萌宠喂养、企业素质拓展、水果采摘、花卉创意、个性民宿等文创产业带动乡村第一、第三产业融合发展。未来，林福荣团队将启动校企合作项目，打造大学生返乡创业孵化基地，还将联合大学生和青年创业人员，通过相互帮扶，形成农创客聚集地，为乡村振兴做贡献。

徐伟凑
农业新模式探索人

徐伟凑,男,1982年生,浙江温州人。毕业于四川农林大学。现任浙江原态农业股份有限公司董事长、世界温州人联谊总会青年委员会副会长、浙江省农创客发展联合会理事、浙江省农村致富带头人协会副会长、温州市泰商发展联合会副会长。荣获全国农村青年致富带头人、全国新农村建设新闻人物、浙江省"3030新农人"、浙江省优秀农创客标兵等荣誉。

2010年,徐伟凑在家乡泰顺县柳峰乡新庄村创办了温州市原态农业开发有限公司(浙江原态农业股份有限公司前身),致力于打造一个集油茶种植、特种动物养殖、生态旅游和农业休闲观光于一体,包含生产、销售、科研与推广的现代化生态农业基地。

在科学种养的前提下,徐伟凑采用"公司—基地—农户—加工—销售—农业观光"的生产发展模式,大力发展生态种养业,开展蓝孔雀、贵妃鸡养殖,蔬菜种植、加工、配送,打造集农业、观光旅游于一体的现代化农业企业。

因为肉鸡养殖需要大量饲料,而当地村民种植的农作物无处可销,他就将其收购,作为鸡的饲料,让村民多一条创收路,努力为乡村振兴添砖加瓦。

经过几年发展,原态农业高歌猛进,2014年完成公司股份制改革,2015年9月成功在"新三板"挂牌上市。2017年,公司收购温州古廊桥酒业,成立了泰顺县原态

贵妃鸡

禽类研究所,建成原态农业可追溯系统。

在徐伟凑的努力下,农业合作模式开启。公司整合各种资源,为低、小、散的农户开通了农产品即时销售通道。在销售上,公司通过与社区便利店合作,迅速完成200多家门面的布点,并将供应链向银行、医院、学校延伸。更为重要的是,经过徐伟凑的努力,生态农业基地带动周边420多户村民从事贵妃鸡养殖、经济林种植,村民人均年收入提高6000多元。

创业成果

目前,原态养殖基地里的贵妃鸡已从当初存栏量2000羽发展到如今的10万多羽,油茶经济林种植面积3000多亩,水果种植面积600多亩。经过多年努力,公司先后被评为国家高新技术企业、省农业科技型企业、浙江省森林食品基地、浙江省工商企业信用AA级"守合同、重信用"单位、温州市林业重点龙头企业、温州市"百龙工程"农业龙头企业、温州市信用管理先进企业、温州市"成长之星"企业、温州市网络经济领军企业等。

戴　星
生态农业助力农人蜕变

◈ 创业名片 ◈

　　戴星，男，1983 年生，浙江温州人。毕业于上海交通大学。现任温州延桐生态农业开发有限公司董事长、永嘉县农创客发展联合会会长。曾获温州市十大最美农业创业大学生、温州市农业农村经济转型发展先进个人、浙江省优秀农创客标兵等荣誉。

◈ 创业经历 ◈

　　温州延桐生态农业开发有限公司成立于 2011 年，农场坐落于温州永嘉东城街道东坑村，海拔 450 米，农产品种植面积 220 亩，主营业务为初级农产品的种植、加工，和农村电子商务与乡村旅游资源的综合开发。为了实现让家乡更美好的愿景，公司成立之初便借助永嘉陡门山山区丰富的优质农产品资源和优美的自然环境、深厚的人文底蕴，通过"互联网＋农产品销售＋乡村旅游"的方式，使互联网、农产品、旅游三者有机地结合在一起。同时公司也在努力完善永嘉农产品进城系列活动的各个流通环节，利用温州绿色优质农产品展示体验中心的带动能力，充分发挥走出去和引进来功能，提高初级农产品的市场效益与流转效率。公司通过在高山基地建立的农产品合作体系，引导和

支持周边村民生产优质农产品，发展订单农业。如今，公司已经摸索出一套有特色的、可持续的农村产品种植流通体系，不仅打开了一条让农村优质农产品进城的通路，也丰富了城市居民周末休闲度假游为重点的乡村旅游产业。

借助永嘉丰富的旅游与农产品资源，从2017年开始，公司结合农旅与农事体验，加上政府的政策引导和支持，开始策划并有效地执行各类农事体验和农产品销售、农耕文化推广活动，如永嘉"消薄"现场会、永嘉农创客市集、永嘉杨梅节、永嘉枇杷节、温州稻米节、温州中草药节、永嘉天润都市田园1+1国庆游园、温州首届农家特色小吃展等一系列农业农事活动。通过系列且持续有效的活动，戴星发现无论是人们对优质农产品的需求，还是对亲近自然的乡村旅游的需求，抑或是村民对互联网购物的需求都存在巨大的市场。他认为，将客户更好地进行定位，并开展有效的产品销售是企业生存与发展的关键。

创业成果

通过"生产+体验型消费+众筹认购"的方式，2019年累计销售1500余万元，带动农户创收1000余万元。戴星下一步计划在现有基地内种植的果树，如桃树、梨树、橘子树、桑葚等，中间穿插种植向日葵、玫瑰、牡丹等花卉，在生产优质农产品的同时，让来到农场的游客春天能看花，

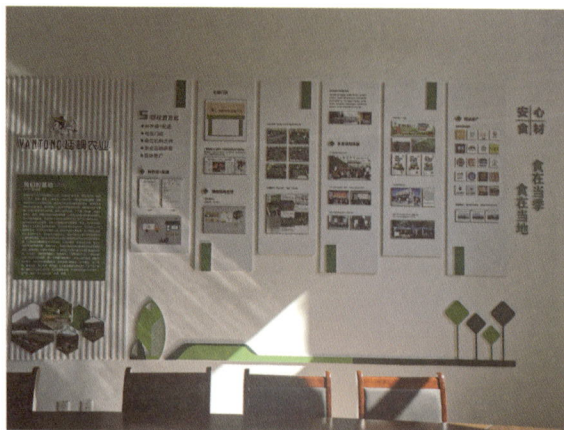

夏天能摘果，秋天能赏景，冬天能玩雪，还能将山里优质农产品带回家。

曾祥亮
庄稼医生创新农业社会化服务新模式

创业名片

曾祥亮，男，1983年生，安徽阜阳人。毕业于安徽农业大学。现任苍南县信实庄稼医院院长、浙江省农创客发展联合会理事。曾获全国农业技术能手、浙江省十佳农创客标兵、温州市乡土人才"名师名家"、苍南县十大杰出青年、温州市农村青年创业创新大赛一等奖，浙江省首届农村青年创业致富大赛银奖，浙江省后备"3030"新农人等荣誉。

创业经历

大学毕业后因一心向农，曾祥亮加入苍南一家农民专业合作社，忙碌在农业生产第一线。他发现，农民因为缺乏基本的病虫害防治技术和不懂科学使用农药，农产品质量安全隐患突出，特别是当时农民经常将高毒农药水胺硫磷喷洒在丝瓜上，以防治一种叫作"飞蝇蝈蝈"（温州本地话）的害虫。当他极力劝阻农民时，却被骂成"书呆子""死脑筋"。他决心要借助自己的专业特长，提高农民种植技术，指导农民安全用药，守护农产品质量安全。5年后，他成立了温州市第一家庄稼医院——苍南县信实庄稼医院。

在温州，花椰菜栽培历史悠久，传统品种花球紧实、花梗雪白，产量大但口感差，市场价格普遍偏低。凭着对市场信息的敏锐捕捉，曾祥亮积极引进台湾散花青梗花椰菜新品种，经过反复试种，终于选育出适合当地栽培的"台青"系列花椰菜新品种，并且探索出"稻菜轮作"的栽培模式，

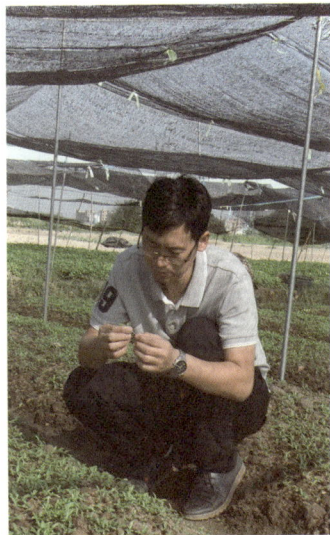

即晚稻收割后种植花椰菜。这种模式一经推广便得到市场的认可。花椰菜种植面积三年内扩大到万亩以上。曾祥亮还投资建成一座千吨级大型蔬菜冷库，使当地花椰菜价格从低于全国平均 0.2 元的低迷状况，一跃成为引领全国最高价格的佼佼者，在推动当地花椰菜产业迅稳发展的同时，为农民增收做出了突出贡献。经过多年探索，曾祥亮逐渐构建起产前品种引进、产中农资供应、产后冷藏营销的花椰菜全程社会化服务创新模式。

创业成果

曾祥亮借助互联网，把苍南县信实庄稼医院从线下开到线上；采用连锁运营模式，在农业主产区开创了 12 家连锁分院。苍南县信实庄稼医院从起初为农户提供农业技术和农资供应的专项服务模式发展成为集无人机飞防、惠农金融、农产品营销等全产业

链综合服务的区域龙头企业。团队每年服务农民高达 16500 人次，服务区域涉及全省近 10 个县市，累计服务农户超过 100 万人次，帮助农民直接挽回经济损失 1320 多万元，为当地农业增效，农民增收做出了积极贡献。

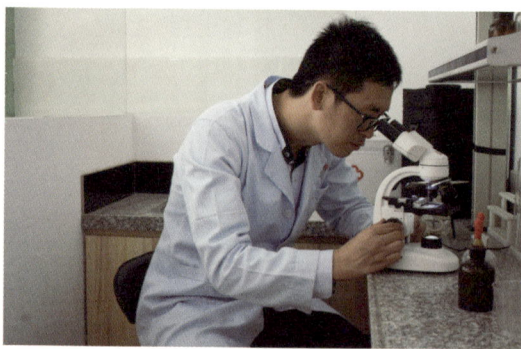

黄金飞
身残创业倍艰辛，反哺社会更有爱

创业名片

　　黄金飞，男，1978 年生，浙江温州人。毕业于温州科技职业学院。现任温州山鸣农业开发有限公司董事长。曾获温州市十大残疾人创业之星、2015 感动温州十大人物等荣誉。

创业经历

　　黄金飞出生于温州鹿城区藤桥镇后垟村，父母都是农民。8 个月大的黄金飞因得了"小儿麻痹"，四处求医未果落下终身残疾。童年的不幸并没有让他意志消沉，反倒让他更懂事、更坚强。

　　进入社会后，他尝试过很多行业，可都因行动不便做不长久。后来，在亲友的资助下，他在老家开了一家修表铺修表卖表，赚到了人生第一桶金。后来，他拄着拐杖一个人外出打拼，在江苏的商场里卖过钟表，在山东卖过皮鞋。几年的闯荡，黄金飞沉稳了许多，他打定主意，一定要自己创业。在亲朋好友的帮助下，他开了一家饭馆，每天起早摸黑，开着残疾代步车去农贸市场买菜。尽管生活艰辛，但黄金飞一直没有放弃。

　　2004 年是黄金飞人生的转折点。得知残疾人从事农业创业有多项鼓励政策，他一直深埋在心底的梦想开始复苏：开创绿色农产品种植事业。当年，他就拿着开饭馆赚到的 20 万元，回到藤桥山上开始搞农业，种植枇杷、柑橘，也种红米，还养过鸡。

对于自己的事业规划，他的口头禅是做事业要稳着点。黄金飞希望用实际行动证明，残疾人创业不是梦想。他也时刻记着要反哺社会。一路走来，他感恩亲朋好友的支持，感恩社会的帮助。他想为社会做一些力所能及的事，带动更多的残疾人自强不息、携手共进、脱贫致富。在他的农业园、门店及创业团队里，有十几名残疾人就业，他的公司也因此获得了"温州残疾人扶贫示范基地"的称号。

创业成果

如今，黄金飞把事业重心放在打造农产品连锁市场上。他名下的"鲜吉乐"品牌，现有 6 家门店，最大的一家位于温州市政府大楼负一楼。门店除了售卖自家产的红米、鸡蛋外，还代理经营很多其他品牌的农副产品。同时，还为企事业单位食堂进行农产品配送，打造生态产业链。

唐平冬
"生鲜侠"，打造科技扶贫的"跑步鸡"

　　唐平冬，男，1990 年生，浙江温州人。毕业于宁波财经学院。浙江一诺农业科技有限公司董事长、"跑步鸡"项目 CEO。兼任中国管理科学院特约研究员、温州泰商会理事、温州大学瓯江学院创新创业导师。曾获改革开放 40 周年科技创新杰出人物、浙江省青年创业奖、浙江省向上向善好青年等荣誉。

创业经历

　　2014 年，为响应大学生回乡创业号召，唐平冬毅然辞去百万年薪工作，回到家乡投身农产品电商创业。2015 年，创业始见成果，由唐平冬负责的项目"我要赶鲜"获得新明集团 5000 万元风险投资。

　　2017 年，全品类农产品电商平台"生鲜侠"正式上线运营，并使用区块链溯源体系打造"跑步鸡"项目。截至 2018 年，"跑步鸡"项目被评为"中国十佳乡村振兴项目"。唐平冬通过与当地扶贫单位合作，开创了"公司免费提供鸡苗、佩戴智能溯源脚环、农户签约养殖、公司统一回收销售"这一系列生产流通体系,实现了以产业助力乡村振兴。秉持先富带动家乡农民致富的理念,唐平冬推动企业转型发展,带动周围近百农户(以贫困户为主)就业。温州市主要领导在温州市农博会及创博会两次调研"生鲜侠"项目,在对项目创新表示认同的同时也为项目成果点赞。

2019年,唐平冬带领"跑步鸡"项目获得国家级、省级、市级多个创业创新大赛金奖,"跑步鸡"产品获得了"中国特色优质农产品"称号。

2020年,"生鲜侠"平台结对扶贫多个贫困村,预计实现年产值2400万元。经过多年发展,唐平冬带领团队打通从绿色种植养殖到健康消费的完整服务链,推动物联网与生态农业的融合创新发展,通过物联网运营服务体系的建设和模式创新,建立农业物联网运营服务体系,为传统农业的供给侧结构性改革和产业转型升级探索了一条重要的创新之路,树立了标杆,助力乡村发展。

创业成果

经过两年多的探索,项目已经聚集数十万用户,年出栏"跑步鸡"近10万羽。2019年项目营收1200多万元,带动合作社营收600万元。唐平冬在泰顺、苍南、乐清、瑞安等地建设自营及合作基地,累计带动500多户农户创富增收,实现人均增收9800元,最高增收10万元的脱贫致富成果。

陈丹凤
以有机、生态做良心农业

创业名片

陈丹凤，女，1981 年生，浙江绍兴人。毕业于浙江农林大学。风景园林工程师。浙江省第十三届人大代表。现任温州市洞头霓屿绿波家庭农场主、温州市洞头区妇联兼职副主席、温州市洞头区百岛特色渔农产业协会会长。

创业经历

2008 年底，大学本科学历的陈丹凤与初中学历的肖海东裸婚，在当地被传为一段佳话。

2010 年，陈丹凤辞去稳定的园林公司工作，随丈夫一起回乡创业——创办养鸡场。

只要付出，终有回报。她利用大学里学到的专业知识，坚持利用生物发酵技术搞生态养殖，成为洞头生态养殖第一人。在洞头县（洞头区），她第一个将虫草生态养鸡技术项目作为科技项目进行申报，并顺利完成该项目验收。该项目还获温州市第三届农村青年创业创新项目竞赛二等奖，夫妻俩被评为"洞头县（洞头区）科技示范户"。2012 年夫妻俩牵头成立了洞头喜凤坡渔农业综合开发专业合作社。因为生态效益明显，合作社被认定为"省级生态循环农业示范主体""省级现代农业科技示范基地"。

2014 年，陈丹凤流转 20 亩荒地成立了温州市洞头区霓屿绿波家庭农场，开始实行种养结合的新生态农业模式。后来，她利用园林工程师的专业技术，通过种植技术改进，首次把种植要求很高的金线莲在洞头仿野生试种成功。一路走来，陈丹凤不断依靠科技开发当地的土地资源、气候资源及物产资源，变废为宝。

除了引入发酵床技术，陈丹凤还在洞头首次实施规模化生态轮牧养殖方式养殖家禽，有效改善了散养家禽对林地环境的破坏，大幅度改善了养殖区臭、脏、乱的环境问题。2015 年陈丹凤又改进养殖技术，使用阳光板多用途养殖大棚，实现养殖大棚与种植大棚二合一，提高了土地及大棚的利用率，大幅提高了经济效益。

此外，她还通过生物发酵技术，使用专门的发酵菌，把芒秆做成饲料、肥料、有机质土等，不但解决了芒秆杂草的问题，还节省了家禽养殖成本。

创业成果

陈丹凤坚持以有机生态的种养结合方式做良心农业，不用除草剂、化学农药、化肥，真正做到以生产有机食品的标准做生态农业，得到了高度认可。2019 年，家庭农场年产值近 55 万元，亩均产值 2 万余元。2017 年底，在温州市洞头区渔农办的支持下，陈丹凤夫妇牵头成立了温州市洞头区百岛特色渔农产业协会（联盟），整合洞头渔农产业资源，促进洞头渔农产业发展。

林书强
海上新农民，海洋资源守护者

创业名片

　　林书强，男，1986 年生，浙江苍南人。毕业于浙江东方职业技术学院。苍南县天瑞生态养殖专业合作社负责人。曾获浙江省第五届农民创富大赛银奖、2019 年度温州市农技推广英才"一鸣奖"、2018 年苍南县"十大养殖高手"等荣誉。

创业经历

　　林书强出生于温州市苍南县霞关镇，长在一个典型靠海吃海的渔民家庭。

　　一次偶然的机会，"北参南养"跳入林书强的眼帘。林书强同父亲到各地海参养殖场考察，又北上大连、山东等地考察参苗的培育情况。2008 年，林书强引进大连的海参苗，在霞关港海域干起了海参养殖。

　　海参是高价值海产品，对生活环境要求特别高。气温的变化直接影响海水水温的变化，气压的变化更是影响生存环境。因此，与别的海水生物养殖相比，养海参需要投入更多的精力。海参的翻倍率是海参养殖收益的最直接指标，一斤海参能养出几斤成品参，与海参养殖户收成好坏密切相关。

　　成品海参品质的好坏关系到单价的高低。林书强用"活水吊养"的方法，把海参保护在一定空间中,投以海带做饵料,最大限度模拟海参的原生态海水环境,出栏的海参成品受到了消费者好评。

2014年,林书强进入温州大学工商管理专业学习,同年牵头成立了苍南县天瑞生态养殖专业合作社。生产销售两不误。

如今,苍南县天瑞生态养殖专业合作社在温州多地设有直营店,有多个销售代理网点,供应的产品品种也从单一的活参,延伸到半干参、即食参,以及干参等多个系列。

养殖基地用上了清洁能源和物联网技术、风能与太阳能发电、无线传输监控系统。远离大陆的养殖基地上,生产用电和工人的日常生活用电,都能正常供应。养殖基地安装了视频、水温等监控检测设备,在合作社办公室监控器上,养殖场海参生活环境的情况一目了然。

创业成果

苍南县天瑞生态合作社拥有注册商标"霞关港",成为苍南县"刺参养殖标准化示范基地"和"苍农一品标准化生产基地"。合作社2019年年产刺参30吨,预计2020年产量可达50吨。通过养殖技术示范推广与培训,带动了苍南县天瑞生态合作社基地周边多处海域农户积极加入刺参养殖,带动农户就业超过100人,附近海域刺参年总产值超2000万元。

叶玉婷
矢志不渝，情系家乡石斛产业

创业名片

叶玉婷，女，1985年出生，浙江乐清人。毕业于浙江医药高等专科学校。执业中药师。现任浙江铁枫堂药业有限公司总经理，兼任中国医药物资协会道地药材（石斛分会）秘书长。2018年入选浙江省"3030新农人"。

创业经历

叶玉婷出生于中国铁皮石斛之乡——乐清市龙西乡北垟村，北京中医药大学毕业后被分到医院药房工作。但是心怀石斛梦的她最终毅然放弃了这个城市中稳定的工作。

一次机缘巧合，她碰到了当地龙头企业铁枫堂董事长宋仙水，跟他聊了一些自己的想法：光靠铁皮石斛产业的历史底蕴和传统的加工方法无法增强产品的竞争力，要把铁皮枫斗从农副产品变成中药饮片、保健食品等深加工产品，进而推动铁皮石斛产业转型升级。这引发了宋仙水的共鸣，随即向叶玉婷发出了共同创办铁枫堂中药饮片厂的邀请。

本着创建中药饮片厂这个目标，她开始深入地了解铁皮石斛的种植、采集、加工、拣选、分级、包装，顶着风吹日晒穿梭在田间地头，向农民取经，研究

法律法规,走访各大院校,请教其他企业,引进先进设备,边学边做,经过努力,最终于 2014 年通过了新版 GMP 认证,从此开启了铁皮石斛生产向中药饮片的转型升级,将铁皮石斛转变成药品,大大提升了铁皮石斛的附加值。这不但拓宽了铁皮石斛的销售渠道,使之迈进了全国各大连锁药店,而且又以高出市场价的价格向农户收购合格的原料,使农户亩产均增收 2 万元以上。

在这个过程中,她带领团队成立了国家中医药管理局铁皮石斛重点研究室,开展铁皮石斛良种选育及生态栽培的一系列研究;组建营销团队,利用互联网,线上、线下相结合,将产品卖向全国;组建实验室,深入研发精深加工产品,开发了铁皮石斛枸杞膏等众多衍生产品。此外,他们还不断引进新设备,优化工艺流程,不断解决当地铁皮石斛产业低、小、散、乱的问题。

创业成果

浙江铁枫堂药业有限公司现拥有铁皮石斛中药饮片加工厂房 8500 多平方米。经过近几年中药饮片的开发,公司为铁皮石斛开辟了一个新的业态,取得了全国连锁药店、医院药房的销售资质,拓宽了铁皮石斛的销售渠道,带动合作基地 12 个,农户 500 多户,户均增收 2 万至 3 万元。此外,公司还为当地带来临时性劳动岗位 1 万余个,大大推动了山区经济的可持续发展。

陈香伟
打造休闲观光百果园

◆ 创业名片 ◆

　　陈香伟，男，1984 年生，浙江温州人。毕业于浙江工商职业技术学院。温州市第十三届人大代表，温州市永嘉县第十届政协委员。现任永嘉县利民茶果开发有限公司总经理。曾获 2016 年永嘉县十大最美农业人荣誉。

◆ 创业经历 ◆

　　2011 年，陈香伟离开喧嚣的城市，毅然来到农村，满腔热血地投身水果产业，成了一名"新农民"。

　　陈香伟先在水果产品的"优""特"上做文章，注重品种的更新换代，先后引进了宁海白枇杷、水晶白杨梅、红心猕猴桃、台湾葡萄柚、象山"红美人"柑橘等。通过精心管护，陈香伟取得了 3 年挂果、5 年投产的成效。白枇杷一上市就得到了广大消费者的青睐，供不应求。公司也在 2014 年成为温州市农业龙头企业。村里广大种植户看到新品种引种成功带来的巨大效益后，纷纷对自家

果园的老品种进行更新换代。种植水果的积极性大大提高,品种多样性大大提升。

陈香伟抓住时机,在全村推行现代生产技术,制定操作规程,选用生物农药,实行无公害生产。2015年起,他多次聘请相关专家组织业务技能培训,在果园除草方面采用毛毡毯铺盖替代药物除草,效果非常明显,得到了省、市、县相关专家的认可。

为了提高果农的精品意识及凝聚力,2018年5月,在县政府和镇政府的大力支持下,陈香伟在埼里村举办了第一届枇杷节,埼里水果的品牌得到了更好的宣传和提升。公司的销售渠道拓宽了,果农的生产积极性更高了。

公司投资80余万元,建造了100立方米气调冷库,对水果产品进行保鲜冷藏,延长供应周期,实现传统生产向现代科技和现代经营管理为基础的现代化生产转变,逐步建立起现代生产流通体系。通过将易腐果蔬等进行预冷、贮存,有效保持了产品的外观、色泽、营养成分及风味,达到保质保鲜,延长食品保存期的目的,同时也起到调节淡、旺季市场需求、减少生产与销售过程中损耗的作用。

创业成果

公司致力于将埼里百果园打造成休闲观光农业基地,积极抓配套设施建设,一条宽5米长7千米直通村"百果园"的盘山公路主体工程建设已经竣工,游客可直接开车到果园采摘水果,大大缩短了采摘游的时间。公司投资200多万元加强配套设施建设,兴建水果观光旅游带,新建、改建停车场,打造赏花品果的生态旅游线。公司还建造了休闲游步道5千米和3座观光亭,建设了3座大型蓄水池和5千米引水管道,配套建设了管理观光房150平方米、游客中心和农家乐300平方米。

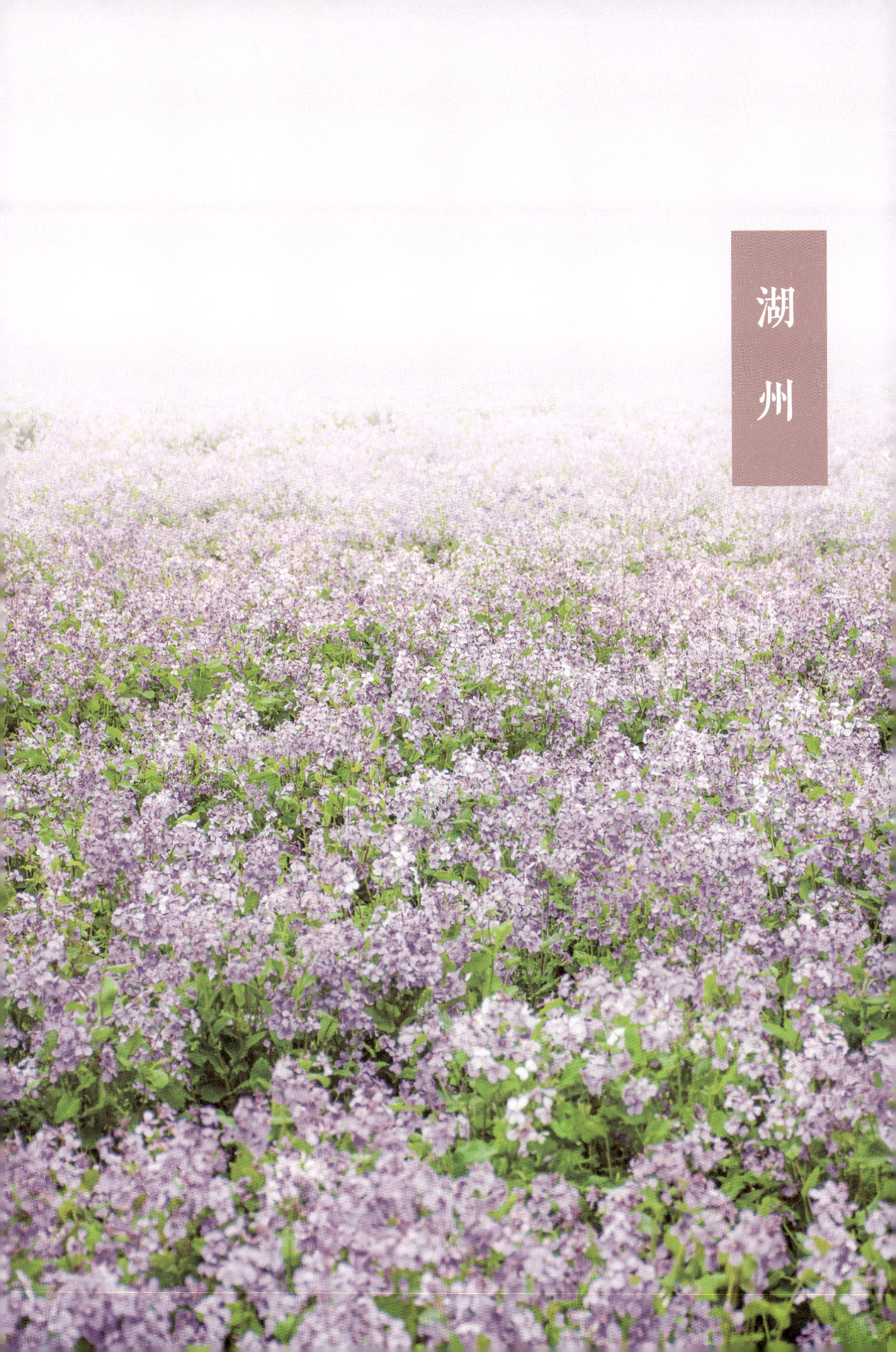

湖州

沈　杰
博士渔夫，打造物联网智慧养鱼新模式

创业名片

　　沈杰，男，1980年生，浙江湖州人。毕业于中科院上海微系统与信息技术研究所博士。复旦大学兼职教授、中科院上海微系统与信息技术研究所兼职研究员。现任浙江庆渔堂农业科技有限公司董事长、共青团湖州市委兼职副书记、国家物联网基础标准工作组总体组组长、国际物联网顶层架构标准总编辑。曾获中国标准创新贡献奖、全国农村创业创新项目创意大赛银奖、浙江省"3030"新农人、浙江省十佳农创客标兵等荣誉。

创业经历

　　沈杰出生于湖州市南浔区菱湖镇——全国四大淡水鱼养殖基地之一。自小就深知父辈养殖艰辛的他，凭借自己的努力最终成为通信与信息系统专业的硕博连读生。他在物联网研究领域卓有成效后，回乡打造物联网生态渔业，带领团队于2016年创建了庆渔堂，宗旨为"庆收于渔，创富于民"。

　　沈杰和他的团队帮助养殖户在鱼塘安装传感器，连着远在城镇的监控中心，鱼塘水温、含氧量等信息及时发送到养殖户的手机上。庆渔堂智慧渔业服务平台依托先进的智慧水产养殖物联网运营服务平台，通过布设在鱼塘内的水质监控设备，实现跨区域规模化服务，包括增氧设备远程控制、水质在线监测、水质移动巡检、增氧联动调控、用电节电管理、成长性分析、科

学投喂料指导、微观气象预警、病虫害预警防治、大数据渔情分析等,为养殖户建立标准化科技养殖日志,降低养殖户应用科技的门槛和成本。

基于物联网平台,庆渔堂创新研发了一种"高效益、高品质、零排放"可规模化复制的循环水生态养殖系统,用物联网科技唤醒沉睡的鱼塘。通过改造现有传统池塘,创新养殖模式,不仅实现了养殖零排放,提高了水面利用率,还极大提升了养殖水产的品质和效益。同时,创新以高效生态虾塘为基地的综合休闲农业和绿色果蔬种养相结合的模式,利用物联网技术高密度集成特点,打造特色科普基地,不断提升农旅基地的造血功能,促进第一、第二、第三产业融合发展。

创业成果

经过两年多的探索,物联网智慧养鱼平台注册用户突破 4 万户,VIP 用户达 6000 余户,服务养殖户约 60 万人次,服务鱼塘 10 万余亩,改造生态鱼塘近 1000 亩,养殖户经济效益增 10% 以上。

未来,沈杰和他的团队将重点打通生态水产品从健康养殖到市场消费的完整服务链,推动物联网与生态渔业的融合创新发展,推动传统渔业的供给侧结构性改革和产业转型升级,树立渔业标杆,助力乡村发展。

沈彬良
四维电商，助推美丽渔场

　　沈彬良，男，1983 年生，浙江湖州人。毕业于重庆三峡学院。现任湖州南浔"三农"农业开发有限公司总经理。曾获得浙江省农村青年创业大赛二等奖、2018 年浙江省青创赛铜奖、浙江省农村青年致富带头人、湖州市南浔区十大杰出青年等荣誉。

创业经历

　　2010 年，沈彬良辞去外企高管职务，回乡投身渔业，组织当地 5 户水产养殖大户成立了生态渔业专业合作社。他东奔西跑，引进全雄黄颡鱼苗，探索生态养殖技术，创建全新营销模式，注册商标，通过 4 年的努力，社员发展到 139 户，辐射 10 多个自然村，建立了 2000 亩的生态养殖基地。养殖基地被评为浙江省水产养殖示范精品园，合作社被评为国家级示范社。

　　然而，随着水产品产量的提高，沈彬良发现品牌效应并不明显，传统的销售模式受市场波动的影响特别大。2013 年，他带领几位志同道合的青年在杭州设立了直销中心。以生鲜物流为突破口，加工成生鲜净菜，通过冷链快递配送给广大消费者。

2014 年，随着合作社的壮大，沈彬良和他的团队帮助养殖面积超过 100 亩的大户注册成立家庭农场，以自己的"南浔姚文英家庭农场"为示范，截至 2018 年底，已注册 11 个家庭农场，其中包括5个省级示范农场、5 个市级示范农场，他的家庭农场也被评为南浔区红色家庭农场、湖州市美丽渔场、全国健康养殖示范基地。

投身渔业 9 年多来，沈彬良一方面抓养殖，先后推广了立体混养模式、鱼菜共生模式、跑道养殖模式，每一种新模式都帮助养殖户增收 20% 以上；另一方面抓销售，他对传统水产销售模式进行了一次彻底改革，创造了一套"四维电商模式"，并在浙江省农村青年创业大赛上从 20000 多个项目中脱颖而出，夺得二等奖。"好产品＋好模式"使合作社成为浙江大学、浙江工业大学等高校食堂的水产供应商，更在 2016 年通过层层筛选成为 G20 杭州峰会的供货商。

创业成果

沈彬良深知抱团发展的重要性。对内，他和他的团队深挖标准化生态养殖技术，建立大数据库，为广大农村青年和返乡创业青年提供技术、资金、销售上的帮助。对外，作为浙江省农村青年致富带头人，他把自己的平台和资源与广大创业者共享，为他们提供物流配送、销售等服务。

王 豪
大学生渔夫，打造原生态养鱼新模式

创业名片

王豪，男，1988 年生，浙江湖州人。毕业于浙江海洋学院。现任德清芦花水产有限公司总经理。曾获首届原生态鳖网络评选大赛金奖。公司曾获渔业科技示范户、诚信农产品示范基地等荣誉。

创业经历

王豪出生于鱼米之乡，避暑胜地湖州市德清县莫干山脚下。一次失败的高考让他丧失了斗志，并在高考填报志愿时选择了服从分配。但正是服从分配，让王豪和农业、水产、甲鱼结下了不解之缘。一次偶然的机会他跟着老师来到学校的甲鱼孵化室学习苗种培育。刚出壳的小甲鱼像下雨一样从 2 米高的架子上摔在地上，有的肚子朝上，但瞬间就能翻过身来。就是从这一刻起，他开始敬畏这些小生命；也是在这一刻，他找到了毕业后继续发展水产养殖业的动力。

2014 年，王豪带领他的团队成立了自己的公司，本着"不忘初心，一生养好一只鳖，找寻小时候的味道"的宗旨，一直发展到建立"芦花渊"品牌。

王豪带着书本上学到的技术投入实际生产中，但书本上看似简单的几句话，实际操作起来却万分艰难。幸运的是，在家人、朋友、政府的帮助与指引下，他克服万难，终于赚到了第一桶

金。他利用这笔资金开始扩大企业规模。但是由于温室速成模式的束缚,虽然产量提高了,品质却降低了,病害也时常发生。王豪经过反复思考与不断摸索,脱离了原来温室速成养殖技术的束缚,开启了冬眠冷水培育模式。他将刚出壳的小甲鱼投放到大自然中,利用天气、天敌、冬眠等自然条件对苗种进行"优胜劣汰"。这一技术让甲鱼真正从生理上回归自然,利用其好冬眠逆生长的特殊生理习性来自然选育优质甲鱼。在防治病害方面,他借鉴中医原理,将"先病后治"的模式转变成"预防为主,治疗为辅",即每隔一段时间给甲鱼补充一些五谷杂粮和中草药,从根源上切断病害的发生。

创业成果

通过与 200 多家平台交流、合作,以及直播带货、社区团购、社群团购等,公司营业额不断翻倍。与此同时,王豪和他的团队还为附近农户提供技术支持和销售渠道共享。在王豪和团队的带动下,附近农户甲

鱼养殖面积已超过 1000 亩,总产值达 3000 万元以上。未来,王豪还将重点打通生态甲鱼从健康养殖到市场消费的完整服务链,推动物联网与生态渔业的融合发展。

孙丽东
打造科技范儿十足的生态牧场

创业名片

　　孙丽东,男,1988年生,浙江德清人。毕业于江西司法警官职业学院。曾任新安镇舍西村村委委员,兼任新安镇团委副书记。现任德清三羊生态牧业有限公司总经理,曾获德清县劳模、德清县优秀团干部等荣誉。

创业经历

　　一篇关于劣质羊肉以次充好危及消费者健康的新闻报道,让孙丽东萌生了自己养羊的想法。他拜访周边养殖湖羊的农户及餐饮企业,开始创业。

　　养殖湖羊并不简单,孙丽东走了不少冤枉路。过低的存活率让他感觉很挫败,但他明白那是养殖技术欠缺造成的。孙丽东向周边的养羊能手请教,主动学习养殖知识。

　　有了养殖技术的积累,孙丽东打算扩大规模。他依托网络,寻找客户,并亲自驱车送货。客源逐渐稳定,养殖场也步入正轨。

　　规模扩大后,孙丽东开始考虑如何召集村里的闲散劳动力,带领大家一起致富。于是,湖羊养殖合作社成立了。

　　2017年,孙丽东引进自动刮粪机,将羊舍的底部悬空1米,下面用水泥浇筑铺平,以便机器刮走羊粪。此技术实现了快速收集、清理羊的排泄物,经过集中烘晒后加以利用,从而实现了雨污分流,减少了渗透性水质污染。

科技养殖手段的运用让他的牧场在多次环保严查中屡屡过关。同时他还变废为宝,将羊粪作为花果、苗木种植的肥料,常常供不应求。羊粪的打包加工成本几乎为零,在环保卫生的基础上,每年900吨羊粪的销售,也能为牧场带来不少于20万元的收入。值得一提的是牧场还在尝试建立污水处理池,进行尾水处理,进一步解决水质污染问题。

下一步,他打算抓住农业供给侧结构性改革的契机,大力发展生态农业,通过网销渠道进一步打响已注册的商标"东隅"。

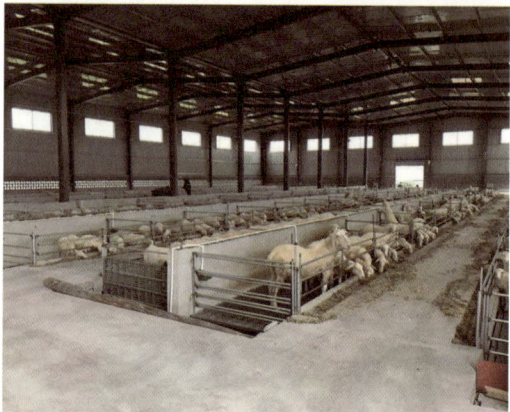

🎗 创业成果 🎗

凭借着规模化环保养殖的理念,近年来,他的三羊生态牧业有限公司已通过"湖羊标准化示范场""省二级种羊场""省美丽牧场"的考核验收,扩建后存栏量达4500余头,成为德清县最具规模的湖羊养殖场之一。2019年,公司销售额近500万元,带动闲散养殖户收益翻了一番。

下一步,孙丽东想依托湖羊在江浙沪地区的优势,合理运用食品安全溯源追溯系统,在县农业局的帮扶下对现有湖羊进行深加工探索,通过新零售的模式,让德清湖羊走出去、站得稳、打得响。

边月明
农旅结合，打造理想中的葡萄园

创业名片

　　边月明，男，1986年生，浙江湖州人。毕业于浙江机电工程学院。安吉县第八届政协委员、安吉县第十六届人大代表。现任安吉青创农业有限公司总经理。曾获安吉县首届十佳大学生创业典型、湖州市十佳农创客、湖州市十大杰出青年、最美浙江人——青春领袖、全国农村青年致富带头人等荣誉。

创业经历

　　边月明毕业后没有选择去上班，因为他觉得大学毕业生应该认真择业而非盲目就业。凭借对农业与旅游业结合的理解，边月明回到家乡开始了他的农创客生涯。10年艰苦创业中，他品尝了人生的酸甜苦辣，也对农业有了新的认识。

　　2009年，边月明创建了安吉小边葡萄园，从一开始的9亩3分地到后来的24亩，他花了3年时间将它打造成理想中的葡萄种植基地。2011年，基地

被评为安吉县大学生创业孵化基地。

2011年,边月明牵头成立了安吉县美人指葡萄种植专业合作社,并任理事长。合作社为农户提供全年免费农技指导,不定期开展农业知识讲座,并且聘请外地高级农技老师免费为社员提供现场农事操作指导,开展理论知识讲座。经过8年的发展,合作社已经从原先成立时的5户社员发展到46户社员,葡萄种植面积也从之前的不到50亩发展到700余亩。2018年,合作社共生产葡萄800余吨,销售收入达1000多万元。合作社不仅自身发展良好,还带动了周边5个乡镇100多户农户一起发展休闲农业。2016年,边月明大胆引进外地先进的农业新技术和新品种,免费提供给合作社的社员。经过几年的共同努力,他们终于将葡萄亩效益从原先的不到5000元提高到35000元。边月明主动联系团县委和安吉农商行帮助农户解决贷款难问题,得到了政府和农户的认可。

创业成果

2016年10月基地被评为湖州市十佳家庭农场。2017年10月基地被评为浙江省省级家庭农场。2017年11月基地被评为浙江省省级果蔬采摘园。2017年7月边月明被评为全国农村青年致富带头人。

截至2018年,边月明已经拥有3个水果生产基地,水果种植面积达150余亩,产值超200万元。2018年12月基地被评为国家级星创天地。2019年4月基地被评为湖州市五星级青创农场。同

年9月边月明还获得了首届长三角乡村振兴创新创业大赛二等奖。

未来,边月明将践行"农业+旅游+物联网"的发展新思路,为安吉的农旅融合产业发展添砖加瓦,助力乡村振兴。

袁 胜

打造浙江美丽渔业产业园

创业名片

　　袁胜,男,1995年生,浙江湖州人。毕业于浙江农林大学。现任安吉业国农业开发有限公司法定代表人兼总经理。公司先后被评为诚信民营企业、全国产品质量信誉放心品牌、浙江省315金承诺优秀单位、浙江省重质量守诚信双优单位。

创业经历

　　袁胜出生于湖州市安吉县高庄镇——浙北甲鱼第一村。2013年入伍当兵,2015年退伍后任安吉业国农业开发有限公司销售部经理,2018年1月参加乡镇企业管理专科学习,并顺利毕业,2018年4月19日担任公司法定代表人兼总经理。

　　袁胜任安吉业国农业开发有限公司法定代表人兼总经理后,注册"顺塘"牌商标,重点发展无公害产品的养殖、种植,扩大水产养殖面积、蔬菜种植面积,引进新型水产品品种,建立浙江美丽渔业产业园。同时,公司与浙江省监狱管理局签订了水产品、禽蛋腌腊制品、蔬菜、水果、冷冻、速冻品、辅食辅料、酱菜等采购合同,分别供应浙江省乔司监狱、南湖监狱、长湖监狱、第二监狱、第四监狱、第六监狱、女子监狱及未成年犯管教所等8个监狱的各类伙房,年销售额达1000万元以上。

　　以天子湖镇新建高铁新城、天子湖机场、高

庄村美丽乡村为契机,以本公司现代美丽渔业产业园为平台,利用148亩精品鱼塘,袁胜计划引进适合本地区饲养的高档鱼类品种,大力发展"休闲垂钓""采摘"两个项目,并和高庄村农户签订土地合作协议,让农户以土地为资本获得股份。此外,他还引进适合本地气候种植的高档水果品种,如"山东大枣""山东红提""山东车厘子""四川耙耙柑""四川软籽石榴""陕西红香梨"等,计划在3年内开创出高庄渔业、果业、旅游业精品美丽村。

创业成果

在经营公司的同时,袁胜带动当地村民80余户进行蔬菜种植及水产养殖,并与当地村民签订销售合同,只要是按公司要求种植、养殖的农产品,公司一律全部回收,回收价格按当地农贸市场零售价的75%,高于批发价不少,这既让当地农户增加了可观的经济收入,又给高庄村美丽乡村建设带来了最美丽的一面。

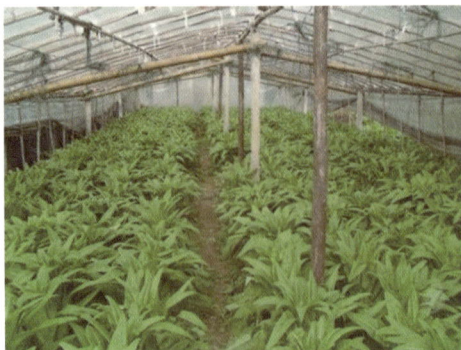

周芳芳

"最美民宿女主人"，带你走进寻美之旅

创业名片

　　周芳芳，女，1989 年生，浙江长兴人。毕业于天津理工大学。现任浙江省长兴县青年民宿行业联盟团支部书记、浙江长兴林中阁民宿文化发展有限公司负责人、湖州市长兴县民宿女主人联盟秘书长。荣获浙江省"最美民宿女主人"荣誉。

创业经历

　　随着长兴县全域旅游的快速发展，乡村旅游越来越热，民宿行业也迎来了快速发展期。2015 年，周芳芳对自己家进行了改造，打造了林中阁民宿。2018 年，青年民宿行业联盟也在团县委的推动下成立了。

　　周芳芳坚持以诚信为本，提供周到细致的服务，是客人们"远方的家"中随和、亲切的家人，是家乡景区宣传的义务讲解员。在林中阁这幢具有现代新中式风格的小阁楼里，她专门设置了手工作坊，为客人亲手制作花式美味的地方美食，陪同他们一起畅游银杏林和"花海"等美景，带着客人领略家乡最淳朴的民风，让客人们把树美、山美、人更美的美好印象带回家。

　　借助青年民宿行业联

盟平台,周芳芳时常组织小课堂、沙龙等活动,与大家交流关于民宿运营、旅游产品设计、提高效益等方面的想法,共同应对和解决青年民宿建设、发展中遇到的各类挑战和问题,帮助成员克服各种实际困难。同时,她也会积极邀请民宿前辈、感兴趣的青年伙伴一起来交流学习、分享创业心得、提供就业实习岗位等,帮助周边青年就业创业,希望能为乡村民宿、乡村旅游发展做出贡献。

周芳芳还经常主动参与垃圾分类、剿灭劣 V 类水、"双禁"宣传等行动,并发挥示范带头作用,带动更多妇女参与志愿服务。同时,她积极和村团支部对接,开展各类青少年关爱帮扶活动,为周边困难青少年群体提供各类助学助困帮扶,邀请他们到民宿来参加活动。借助林中阁民宿的自身优势,周芳芳还努力做好向四方客人推介长兴本地特色农产品、扶贫产品的工作。

创业成果

周芳芳积极传承家乡文化,展示民间习俗,并且借助青年民宿行业联盟平台、妇女微家代表等渠道做公益,帮助周边青年就业创业,带动周边农户创收增收。林中阁先后获得长兴特色民宿、浙江省银宿、2018 年度乡村振兴示范单位、长兴县精品示范农村青年创客服务站等多项荣誉称号,不断为开展志愿服务、助推全域旅游、服务乡村振兴贡献更多力量。

吴钰涛
打造大豆全产业链生态圈

创业名片

吴钰涛，男，1991年生，浙江海宁人。毕业于伦敦大学皇家霍洛威学院。现任浙江福鑫食品有限公司总经理、浙江省农创客发展联合会理事。曾获全国农村青年致富带头人、浙江省十佳农创客标兵、浙江向上向善好青年、浙江省农村青年致富带头人等荣誉。获第三届"创青春"中国青年创新创业大赛银奖。

创业经历

从英国学成归来后，吴钰涛花了半年时间走访中国各大豆制品生产企业与豆制品设备制造企业。但是，整个行业的落后程度让人触目惊心。随着国人对食品安全、环境保护等问题越来越关注，吴钰涛下定决心进入这个古老的行业，试图唤醒人们对这些问题的关注。

在5年多时间里，吴钰涛及其团队自主研发了6条全自动豆制品生产线，获得国家专利8项，很多设备属于首创，打破了由欧美发达国家及日本垄断的情况。由传统的人工操作方式转变为自动化生产方式，每条生产线都安装了能耗计量表，做到能耗有序管理。6条生产线每天消耗30吨干黄豆，一线生产人员从传统作业需要300多人减少到80人以下，同时提高了每公斤黄豆的产出率，实现了

白玉豆腐

产值提高、能耗下降、成本大幅度降低的现代生产方式转变。自动化设备的使用保证了产品标准化生产过程不受人为因素影响，产品质量在原有基础上大幅度提高，同时解决了人工、能耗及黄豆资源浪费的问题，迫使脏乱差的家庭小作坊式生产被自动淘汰，部分小作坊业主被收编成公司的销售团队成员，这样既解决了他们的就业问题，也为食品安全打下了扎实的基础，同时也给政府管理带来了方便。

在未来 3 年内，公司计划在浙江收购或新建 10 家豆制品公司，沿杭嘉湖平原打造浙江豆制品产业生态圈。

创业成果

从 2014 年开始，吴钰涛陆续在嘉兴范围内收购并整合豆制品生产、销售资源，打造"大豆全产业链生态圈"。目前，吴钰涛成功控股嘉兴家友食品有限公司、嘉兴市家家乐食品有限公司、浙江华丰水磨坊豆制品有限公司、江西水磨坊豆制品有限公司、温州祖善磨坊食品有限公司、浙江水磨坊智能科技有限公司，并与浙江工商大学食品学院、浙江机电职业技术学院成立产学研联合体，成功申报浙江省重点研发计划项目，并在当年被浙江省科技厅立项入库。

朱 飞
互联网助推"美丽生态牧场"

◎ 创业名片 ◎

朱飞，男，1991年生，浙江海宁人。毕业于石河子大学动物科技学院。硕士研究生。浙江省农创客发展联合会理事、海宁市新生代创业联谊会会员。现任浙江群大畜牧养殖有限公司总经理、海宁市中小企业发展互助联合会理事。曾获浙江省优秀农创客标兵、嘉兴市农业领创人才等荣誉。

◎ 创业经历 ◎

朱飞出生于浙江省海宁市，父亲一辈子从事饲料和养鸡这两个农业行业。他从小耳濡目染，对畜牧业充满了浓厚的兴趣。经过本科、硕士阶段的学习深造，2016年6月，朱飞创办了海宁丁乡食品有限公司（以下简称丁乡食品），以无抗、安全的生态鸡、生态鸡蛋作为主打产品，并由浙江群大畜牧养殖有限公司（以下简称群大畜牧）进行生态鸡的饲养。2017年，朱飞成为群大畜牧公司法定代表人，丁乡食品及群大畜牧均为浙江群大饲料科技股份有限公司（以下简称群大科技）的子公司。

在群大畜牧任职期间，朱飞采用"互联网＋生态鸡"模式进行生态鸡饲养，以互联网技术指导生态鸡养殖生产并建立食品安全追溯体系，确保生态鸡始终处于良好的环境中,提高生态鸡的饲养品质。依托物联网智慧感知管理系统的生态鸡视频追溯系统,朱飞将本地服务器内的数据上传至云服务器后,再结合二维码物联网技术,让消费者通过扫码获取生态鸡的饲料生产、种鸡产蛋、种蛋孵化、育雏、林下散养等生产全过程的视频实时直播,并可获得实时环境数据,仿佛将鸡养在了消费者的眼皮子底下。公司通过"线下+线上"的销售网络以订单农业方式销售生态产品。

公司饲养的肉鸡,由母公司群大科技提供优质无抗饲料,饲料中添加苜蓿粉、中草药等原料,鸡群健康,饲养全过程不使用任何抗生素,产出的生态鸡、生态鸡蛋不仅无抗生素残留,且味道鲜美。受到了广大消费者的认可和信赖。

创业成果

经过不断努力创新,深入研发,公司已成功生产出富含 Omega-3 的丁乡欧米伽鸡蛋,其内 Omega-3 的含量为 880 mg/100 g,远超普通鸡蛋的 110 mg/100 g,非常适合孕妇、儿童以及中老年人食用。2016 年,生态鸡得到了包括中央电视台在内的众多媒体的报道。群大畜牧先后获得浙江省农业科技企业、浙江服务名牌、嘉兴市农业龙头企业等数十项荣誉。群大畜牧种鸡场先后被评为"浙江省特色农业精品园创建点""浙江省级畜禽标准示范场""国家畜禽标准化规模养殖示范场",以及浙江省首批"美丽生态牧场"。

高磊燕
一只鸡、一枚蛋实现"月子皇后"品牌梦

创业名片

高磊燕，女，1991年生，浙江嘉兴人。毕业于浙江理工大学。省级众创空间"梦创基地"联合创始人。现任嘉兴市天篷农业休闲有限公司总经理、嘉兴市天篷畜禽养殖专业合作社理事、嘉兴市南湖区新丰月子家庭农场农场主、嘉兴市经开月子皇后餐厅负责人、嘉兴市南湖区新丰丰享家庭农场联盟副主任。曾获嘉兴市南湖区农民土专家、嘉兴市南湖区大桥镇乡贤等荣誉。

创业经历

高磊燕出生于嘉兴南湖畔，从小学习美术，后来考入浙江理工大学艺术与设计学院人物造型设计专业，一直怀揣着一个品牌梦，希望自己可以创建一个有价值的品牌。

2014年，高磊燕大学毕业后创建了个人形象工作室，主营新娘跟妆。作为一名农二代，高磊燕感叹父母日益变老，农业经营没法更好地发展，毅然回到农村、回到父母的身边尝试农业创业。经过5年学习，高磊燕对父母经营

的嘉兴市天篷畜禽养殖专业合作社有了更深层次的理解，从最基础的生产端到生产过程中的技术学习，再到最终的市场端，基于原有品牌"笨天篷"土鸡的运营与管理，逐渐拾起一个崭新的品牌梦。

2015 年 10 月，高磊燕自主创办嘉兴市南湖区新丰月子家庭农场，并创建品牌"月子皇后"，依托孕妇和孩子对健康生活的需求，打造以"健康营养"为核心的农业轻奢品牌，初期主打月子鸡和月子鸡蛋。同时，她在 2016 年 2 月创办了省级众创空间——梦创基地，建设月子皇后运营中心，搭建运营团队，吸引优秀青年一起来创业。

2018 年，在嘉兴市南湖团区委的支持下，高燕磊搭建"青农创"项目团队，基于原有的品牌运营，为更多周边青年创业者做好农业创业服务工作。

2019 年，高磊燕对品牌"月子皇后"的发展做了整体规划，从产品"鸡"开始延伸至多元化的品牌服务。2019 年 10 月，建设"月子皇后"线下体验店——月子皇后有鸡餐厅，集体验和餐饮为一体，使得生鲜农产品的销售更加立体化。同时，吸引其他优质农产品加入，多元化发展。最终通过品牌"月子皇后"的影响力，打造月子餐体系，与母婴服务主体进行合作并共同发展。

创业成果

以品牌"月子皇后"为名的项目有月子皇后有鸡餐厅、月子皇后有鸡食堂、月子皇后健康月子餐，主要以生活饮食为主，向孕妇和孩子的服务发展。此外，她还建立了线上商城，配套同城配送服务，可容纳鸡粉丝 1 万人。

企业在 2016 年被评为嘉兴市南湖区农业龙头企业。2019 年，被评为省级示范性青创农场。

杨 珍

以华神生态鳖，开发休闲观光渔业

创业名片

杨珍，女，1983年生，浙江嘉善人。毕业于浙江农林大学。共青团第十七次全国代表大会代表、全国青联第十二届委员会委员、浙江省第十二、第十三届人大代表、嘉善县美华水产养殖场农场主。曾获全国农村青年致富带头人、浙江省青年五四奖章、最美浙江人——青春领袖、全国就业创业优秀个人和浙江省农村科技致富女能手等荣誉。

创业经历

2007年杨珍从浙江林学院（今浙江农林大学）毕业时获得留校工作的机会，但她不甘于从事一份安逸的工作，于2008年3月回乡，来到父母创办的华神生态鳖养殖场。在养殖场里，她没有一个女大学生的娇气，不怕农活的脏累，对养殖场进行景观和功能规划设计，确定了突出华神生态鳖特色，发展有机种养结合的生态农场的目标。她带领员工进行内塘改造、更新技术、规范管理、打造品牌，事业蒸蒸日上。

十几年前父亲便开始养鳖，在养殖技术等方面已经相对成熟，也注册了"华神"牌商标，但是由于一直没有做进一步宣传和培育，品牌不响亮，价格和销量也一直难以提升。

为了使品牌得到大众的认可，回到家乡后，杨珍做的第一件事就是频繁出入各类农产品、水产品销售市场和展销会,向客户介绍生态鳖和普通鳖的不同,宣传"华神"牌生态鳖的养殖过程、营养价值。嘉兴市区城南路的天天农展会开业时,她就开设了自己的专柜。白天很忙的她,晚上还要和父母一起照看 200 多亩的生态鳖养殖场。

经过一番摸爬滚打,产品知名度与日俱增,开始有客户专门跑来买甲鱼。刚跑市场时,她不知遇到过多少冷淡的言语和不信任的目光,但她没有放弃。养一只成鳖要四五年,消费者的认可就是对她付出心血的最大肯定。

创业成果

目前,"华神"生态鳖养殖场的面积已从最初的 4 亩发展到现在的 200 多亩。2011 年全年商品鳖产量达 6 万余只,苗种亲本 30 万只。2010 年"华神鳖"通过中国有机产品认证,并在各大农博会获奖,逐渐成为市场上一个响亮的品牌。

园艺专业毕业的杨珍,未来将把农场打造成生态农业观光园,充分发挥自己的专业特长,对华神生态鳖养殖场进行规划设计,以华神生态鳖为特色,开发休闲观光渔业。

杨光辉
打造现代智慧农业平台

创业名片

　　杨光辉，男，1981年生，浙江嘉兴人。毕业于国家开放大学。嘉兴易久农业科技有限责任公司负责人、"这一季"果园总经理。曾获嘉善县十大杰出青年、嘉善县首届十佳农业创业创新领军人才、嘉善县十大乡村带头人等荣誉。

创业经历

　　杨光辉曾是一名建筑师，从事建筑行业16年。一次偶然的机会，他萌生了创业的念头。作为一名土生土长的农村人，他对农村有着深厚的感情，内心对农业一直有着特殊的情怀，故而选择农业作为创业目标。2016年4月，杨光辉选中了位于嘉善县惠民街道新润村的土地作为创业的立足点，流转土地1050亩，种植嘉宝果、百香果、善柑、凤梨释迦、莲雾、巴西黑玫瑰大樱桃、台湾长桑葚果等精品热带水果。

　　考虑土地流转期限仅有十余年，同时为种出与众不同的品质，杨光辉选择了一条与众不同的途径——对土壤进行改良：用机械对原有板结土壤进行深翻；注水清洗，快速高效去除土壤中的污染物和重金属残留；施加有机肥和蘑菇泥，提高土壤有机质含量和养分；起垄种植。但是，许多热带水果没能扛住嘉善冬天的低温，珍贵的树苗纷纷失去了原有的茂盛，这使他损失惨重。为了改善局面，他邀请种植专家分析并解决技术难题——为大棚增设内保温设施、添加增温设备、设置 LED 补光系统等，有效地解决了热带果树在本地越冬的问题。

3 年来，杨光辉坚持以"优质高效，创新融合"为方向，以传统农业向现代农业转变、粗放农业向精品智慧农业转变为目标，优化种植业结构，已经完成规划与布局并注册了"这一季""常益康"等商标，开通了"这一季果园"公众号和在线商城。利用现代化种植、土壤改良、物联网节水微喷、绿色防控等技术，杨光辉建成了现代化的、高效的、品质优良的绿色水果种植基地，产品多次获得金奖和优质奖，远销黑龙江、陕西等地。

创业成果

杨光辉的果园已成为长三角最大的热带水果种植基地、浙江省农业科学院园艺所产学研合作基地、浙江农艺师学院示范实训基地、浙江省自驾游协会最佳水果体验基地、嘉善县农村科普教育示范基地、星创天地、职业教育校外实训基地、农业龙头企业、浙江省农民田间学校等。

公司现有员工 68 人，周边农民占了 60 多人，这不仅增加了当地农民的就业机会，还有效地带动了周边农业产业、农户共同发展、共同致富。

胡喜枫

逍恬生态，打造农场社群体验新模式

胡喜枫，男，1980年生，浙江嘉兴人。毕业于嘉兴学院。现任海盐逍恬生态农场农场主。曾获"邮储杯"首届长三角毗邻地区农业农村创业创新大赛优胜奖。

创业经历

胡喜枫带领他的团队，于2014年创建了海盐逍恬生态农场，宗旨为分享阳光空气。

逍恬农场现为海盐县青创农场、亲青恋基地，积极承办党、团、队组织的活动。农场里一些具有青年味的标语，使农场更贴近时代、贴近青年，让逍恬农场更有青春活力与激情。

胡喜枫5年前从IT行业转行加入"乡村振兴"队伍，开启农业创业之路，一路学习摸索着前进。他把农场发展总结为三种模式：

农场的"1.0版本"是通过品种的规划和生态循环模式的构建打造以逍恬生态农场为示范的四季果园，为消费者全年提供生态食材，分享阳光空气。

农场的"2.0版本"是土地和消费者的连接者，富

有田园气息的各种文化活动，把田园的慢生活带给忙碌的客户，让他们邂逅美味和美好生活。

逍恬生态农场成立之初，胡喜枫将农场规划为可四季产出水果、蔬菜、禽蛋，为消费者餐桌提供优质农产品的综合农场。在管理农场生产优质农产品的同时，胡喜枫也尝试增加用户黏性的社群体验运营。结合各季田园特色，围绕田园体验、农产品手作和农家美食等主题，他举办了很多活动。例如：花季举办的桃花岛武林大会、清明时节举办的艾青团手作课堂、玫瑰花季筹划的玫瑰手作体验、夏季橄李成熟季结合文化元素的美味分享，以及各类美食体验沙龙。

农场的"3.0版本"系品牌与消费者的连接。胡喜枫及其熟悉的农创客尝试在城市中呈现农创客的品牌文化。逍恬生态农场在自身产品的基础上结合农创客伙伴的优质产品，以家宴的模式打造农创客农家食材品鉴活动。

创业成果

经过 5 年多的探索，逍恬生态农场招募了 1000 名 VIP 客户，年产值达 150 万元，并在江西上饶合作开设了 150 亩的分基地。农场加入了由中科院昆明植物研究所海盐工程中心组织的孵化器"海盐昆植星创天地"。还获得了海盐党群创业"共创共享"红创空间、浙江省农作物新品种示范户等荣誉。

李东亮
智慧无人机，助力农业产业化

　　李东亮，男，1984 年生，山西朔州人。毕业于辽宁工程技术大学，硕士研究生。现任平湖千瑞翔农业科技有限公司总经理。

创业经历

　　2011 年 1 月，李东亮于辽宁工程技术大学硕士研究生毕业后，对无人机产生了浓厚的兴趣。毕业后他一直从事无人机的研发、应用和推广工作。2013 年，李东亮成立了安行信息科技有限公司，自主研发 RTK 无人机，不断克服困难，最终研发出一款高精度、厘米级定位的无人机测绘系统，这也是国内首台后差分无人机系统。2013 年至今，公司已经获得 1 个发明专利和 6 个实用新型专利，公司研发、生产的多品种遥控多旋翼无人机和固定翼无人机，已被广泛应用于航空测绘、环境检测、选线设计、水利监测等众多领域。

　　2015 年，李东亮被评为平湖市领军人才。2016 年被评为"创新嘉兴·精英引领计划"领军人才。

2017年获得嘉兴市"南湖百杰"科技精英奖。同年,安行信息科技有限公司被认定为高新技术企业。2018年,平湖安行无人机遥感众创空间升格为省级众创空间。带着对无人机的热爱,以及做大做强的梦想,李东亮来到了平湖农业经济开发区,于2018年成立平湖千瑞翔农业科技有限公司,致力于植保无人机的研发、生产、销售及植保统防统治技术服务。2019年,李东亮荣获首届"农商银行杯"田园五镇青年农创大赛总决赛一等奖、首届长三角毗邻地区农业农村创业创新大赛二等奖、"农行杯"第三届浙江省农村创业创新大赛总决赛创新奖等各项大奖。他相信在不久的将来,他一定能用无人机技术带领农户增收致富。

创业成果

经过两年多的探索,李东亮的无人机服务面积突破10万亩,2019年销售额近300万元,带动周边农户实现增收100万元。

未来,李东亮及其团队将重点垂直打通农作物播种、施肥、喷洒农药完整服务链,推动无人机与大数据的融合创新发展,通过无人机大数据进行监测分析,提供定量化播种、施肥和喷洒农药服务,为农业社会化服务、产业转型升级探索一条创新之路,树立行业标杆,助力乡村振兴。

来云峰

蓝莓智慧种植，打造新农人的"智慧果"

　　来云峰，男，1986年生，浙江桐乡人。毕业于东北财经大学。曾任职华为，并负责旗下海外相关业务。现任桐乡市石门镇家宝家庭农场总经理。

◆ 创业经历 ◆

　　来云峰从小生长于农村，自小看见身边的人每日勤勤恳恳地在田地里劳作，便想凭借自己的努力走出农门。大学毕业参加工作后，由于工作外派的关系，来运峰经常转辗于世界各地。他总会想着为何国外能把现代农业做强做大，而有着丰富资源的家乡却发展滞后。对家乡土地有着深厚情怀的来云峰决定回到家乡创业，他已经敏锐地觉察到国内的农业经济将是一个潜力股。经过多次考察、学习，2013年，他选定了蓝莓种植。

　　成立农场、建立团队、组织培训、建立种植管理制度、改进包装与运输、打通市场销售渠道，每一个步骤，来云峰都亲力亲为。他尊重现代种植管理技术，进行土壤、水分检测，数据采集与分析，并根

据数据对症下药进行生产调整，追求蓝莓的高产高质高商品化，使得蓝莓产量逐年提高；运用产品经理思维探索农产品生产模式，积极实施现代农业管理方式，加快蓝莓的产业化进程；运用互联网思维进行产品预售，探索农产品销售模式，试验各种无添加的运输保鲜技术，又联合科研机构探索深加工的可能性，运用"互联网＋观光农业"思维，做到了农业生产的持续创新。自2017年起，蓝莓园进入盛产期。现在农场的蓝莓园已初具规模。除此之外，他还建立了育苗基地，成立了电子网络销售公司，不仅对水果与苗木进行销售，还对石门当地农副产品进行对外销售，与杭州、上海等地的网络公司建立合作关系，为农场产品的销售、推广打开了渠道。

创业成果

目前来云峰种植蓝莓108亩，拥有"奥尼尔""密斯提""布里吉塔"3个品种。大棚安装了"智慧农业"系统，可根据天气情况，随时让大棚卷膜、放膜，控制棚内温度，保证蓝莓品质。农场拥有一支懂技术、会服务、有情怀的创业团队，采用科学的数据采集技术对果园进行管理，分析对比温度变化、用肥量等，总结出最合适的施用剂量，从而有效提高蓝莓产量。高品质的有机蓝莓已得到市场认可，本地以及附近杭州、上海等地的订单源源不断，产品供不应求。2019年，蓝莓产量已达到50吨，总产值达200万元。

绍
兴

吴海峰
"花"样精彩的海丰创业之路

创业名片

吴海峰,男,1979年出生,浙江丽水人。毕业于南开大学。现任浙江海丰花卉有限公司董事长、浙江省农创客发展联合会会长团成员、浙江省殡葬协会副会长、全国农村青年致富带头人协会会员。曾荣获浙江省农村创业创新项目创意大赛成长组三等奖、首批绍兴市乡村振兴"领雁计划"人才等荣誉,入选农业农村部第三批全国农村创新创业优秀带头人典型案例。

创业经历

从绍兴农校毕业之后,吴海峰先后在省优农中心、外资企业工作,而成就事业的渴望与热情促使他放弃了眼前的安稳,走上了花卉产业创业之路。

2009年,吴海峰成立了浙江海丰花卉有限公司。为增加经营效益,他开始培养人才,提供鲜花花艺及礼仪服务,进一步延伸产业,增加利润点;为做大做强企业,他毅然投入所有资金,布局规模化设施种植基地,并将眼光望向了海外市场。吴海峰一方面加快基地布局和引进技术人才,另一方面引入现代化管理手段。他将种植棚承包给农户,并指导他们按照"五统一"的标准种植鲜花,

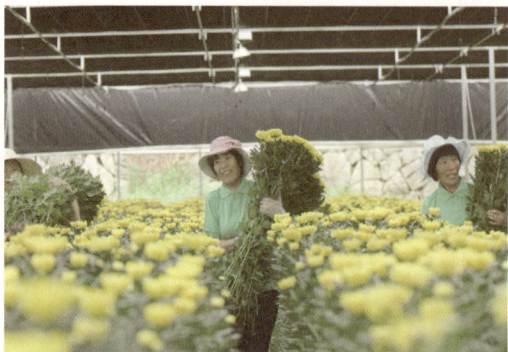

即统一种植计划、种苗、农药和肥料、技术指导、收购标准。收购标准很严，对花蕾大小、植株长度和直径、病虫害情况、开放程度等均有详细规定。

天道酬勤，不负苦心，虽然经历过台风带来的巨额损失，但在各方力量帮助下，海丰花卉于 2016 年在绍兴平水镇剑灶村建成了新的核心基地，占地达 1000 余亩。吴海峰将总部迁至附近，配套生产加工车间 2 个、国内先进鲜切花生产线 8 条、保鲜冷库 6700 平方米，日产加工花卉产品 50 万枝。从此之后，公司发展突飞猛进，承包合作农户从几十户变为几百户，合作网点遍布多个省市，海外市场规模和利润连续翻番。

创业成果

目前，公司利用不同纬度的气候差异，在绍兴上虞区、平水区，金华市，海南东方市，云南昆明市等 5 个种植地流转土地 4000 余亩，全年可连续产鲜花 5000 万枝，成为当地农业经济的一大产业支柱。

同时，公司以鲜花为核心形成了生产、加工、出口、礼仪服务和观光的一整条产业链，年销售额达 3 亿元，成为名副其实的省级重点农业龙头企业。由于企业的杰出表现，公司荣获了 2018 年度柯桥区区长奖和绍兴市经济发展贡献奖等荣誉。

应华亮
乡贤回归，为实施乡村振兴战略发力

创业名片

应华亮，男，1982年生，浙江绍兴人。毕业于浙江越秀外国语学院。现任绍兴七竹农业发展有限公司董事长、绍兴扬泰纺织品有限公司总经理、浙江省农创客发展联合会理事、浙江越秀外国语学院客座教授、绍兴市翻译协会副会长。曾获绍兴市柯桥区农村青年致富带头人等荣誉。

创业经历

2004年大学毕业后，应华亮开始从事纺织品外贸工作，10多年来积累了一定的社会经验和资本。2018年初，应华亮联合村里其他6位有志于发展乡村的乡贤，在家乡绍兴市柯桥区稽东镇大桥村共同创办了绍兴七竹农业发展有限公司。山区农村，环境相对较差，村容村貌不容乐观，自2017年底开始，应华亮及其团队义务组织村民开展环境卫生大整治，把几十年来的堆积物都清理干净。充分利用农村角落地块，建立美丽花坛。七竹公司曾出钱，招聘了几位村民每天对村里道路进行打扫，同时每月评比"最美庭院"奖，让老百姓一起参与。自2018年开始，应华亮及其团队着手整理村里荒废多年的茶园、竹林和山地，让沉睡多年的富饶资源重见天日。他把这些土地租赁过来，不仅让老百姓多了一份收入，同时，随

着七竹公司项目的不断开发,当地的富余劳动力有了用武之地,每天有一二白元的收入。七竹公司成立时,应华亮及其团队拿出 10% 的原始股给村经济合作社,公司实现盈利时,又拿出 10% 回馈村里和老百姓。租用老百姓土地时,应华亮会再给村集体组织不低于 20% 的租金,一起把村集体经济搞上去。公司制订了三年计划、五年规划。要在保持原生态的前提下,利用荒山资源开发果蔬种植业,利用山林、水库和田地开发养殖业,同时发展民宿业。

未来,公司将打造一个平台,搞好"三农"现代化基础设施建设,为有志于发展农村、服务农业农民、建设美丽乡村的青年人提供创业机会。作为二次创业的乡贤,应华亮带领着老百姓发展农村经济,共建文明美好家园,实现乡村振兴。

创业成果

应华亮创立了精品民宿、特色农家乐品牌"石苍山·隐",同时利用现有农庄客流量,推出"石苍山""七竹"等农副产品品牌,销售周边农民和自己农场的土特产。他充分利用省、市农创客发展联合会平台,集聚多家农创客基地农产品,开展销售展示、采摘体验。他已经和蓝莓、葡萄、猕猴桃、桃子、樱桃等多个农创客水果基地达成合作意向,联合技术、资金、销售网络等资源,共同发展"三农"。

王园园
用科技武装农场，打造生态果园

创业名片

王园园，女，1989年生，浙江上虞人。毕业于中国农业大学。绍兴市第八届党代会代表、浙江省第十三届人大代表。现任绍兴市南野生态农业有限公司总经理。曾获绍兴市向上向善好青年、绍兴市十佳大学生农创客、浙江省农村青年致富带头人、浙江省优秀农创客标兵等荣誉。事迹入选"全国新农民创业创新百佳成果"。

创业经历

2013年，王园园从中国农业大学毕业后回乡创业，将专业知识用于建设经营养殖场。她参加各种培训班，在交流学习中掌握农业的最新资讯。

在"五水共治"中，王园园的生猪养殖场被关停拆除。之后，她积极寻求转型，决定发展生态、高效的精致农业。

南野农庄生态果园于2014年开始建设，是绍兴市南野生态农业有限公司直属农庄，主营果树种植及水果农特产销售，致力于安全健康的果蔬、土鸡蛋、土鸡等农产品生产，辐射影响周边农户，联结消费者和诚信农户，最终建立了农民与消费者之间的互信。

王园园一直秉持生态可持续的发展理念，始终坚持通过施有机肥进行果园土壤深层改良。王园园要求果园禁用除草剂，通过种植

三叶草来防治杂草,因为三叶草可以固定空气中的氮,促进果树生长。这可以减少化肥使用,保持土壤健康。果园采用物理防虫、诱虫,极大减少了杀虫剂的使用,提高了果实的品质。虫子用来喂土鸡,既节省了饲料,又优化了土鸡蛋、土鸡肉的品质。同时,用果园的废弃物制作农家堆肥、水果酵素等衍生产品,大大减少了果园废弃物,提升了综合效益。

王园园用科学技术武装农场,用生态理念管理果园。在经营过程中,和农户交流,和专家交流,不断优化果树种植方式。

这几年,王园园也有计划地寻找合作伙伴。她将循序渐进地建设青创农场,吸引对农业感兴趣的青年加盟,给他们投身农业的信心,为青年提供资源、信息、技术平台,为乡村建设、农业产业培养生力军贡献绵薄之力。

创业成果

经过 3 年的种植、培育和优化,南野农庄生态果园成功推出了"山野鸡蛋"和"水蜜桃"两个主打品种,2019 年又成功推出了最主要的产品——雪桃。王园园证实了生态种植的可行性,南野农庄生态果园生产的水果的品质也是有目共睹的,周边农户争相学习,有效地推广了土壤改良、禁用除草剂、果园废弃物再利用等理念。农庄使用的割草机、诱虫灯、喷雾车、秸秆粉碎机、堆肥设备、简易酵素发酵设备、喷滴灌设施等,都成为农民热议和学习使用的对象。

高 山
学农二十年，再续农业缘

创业名片

高山，男，1978年生，浙江绍兴人。毕业于浙江大学。农艺师、庄稼医生、浙江省网上庄稼医院水果专家、浙江农业商贸职业学院兼职讲师。现任绍兴市原明农业发展有限公司董事长、绍兴市柯桥区如山农业发展有限公司董事长。曾获绍兴县供销社优秀党员与服务标兵荣誉。

创业经历

高山1978年出生于绍兴市东浦镇的一个小村庄，父辈是农民，从小就耳濡目染了传统农业的艰辛。1995年，他以优异的成绩考入绍兴市农业学校农学专业，1999年毕业后进入绍兴县农资公司从事农资与农技服务工作。2013年，高山建立专业团队，专门为当地种植户提供农资与农业技术服务。20年的农业一线工作经历，夯实了他的专业知识基础，也丰富了他为农服务的经验。在专业服务好绍兴本地水果种植的同时，他的业务已辐射至云南、四川、湖南、安徽和江苏等农业生产区。

2008年至2018年，高山一直在探索水果类的新型育苗技术与栽培技术。2018年，他与日本龙永濑合作种植草莓，全程采用日

本标准与模式,取得了亩产量 5000 斤与亩产值 7 万元的好成绩。2019 年,他在绍兴市柯桥区平水镇建立标准化基地 42 亩、大棚 2 万多平方米,运用日本模式进行栽培管理,并探索与研究无土栽培草莓技术,取得了非常好的效果与成绩。在学习研究新技术的同时,高山及其团队也不断地尝试"草莓+西瓜"的栽培方法,目的在于示范和带动农户,让农户增收与提高土地的利用率,现已经成功带动 20 户农户,增收近百万元。未来,高山将与浙江省农科院、杭州市农科院合作,引入新的草莓品种,带动农户提升草莓品质,扩大农户的视野与对外交流,真正让品种、技术、模式在农业生产中互相有机结合,造福社会。

为了真正让优质安全的农产品更快更广地为大众所接受与消费,在学习和探索技术的同时,高山及其团队也在不断尝试运用互联网技术宣传自己的农产品,开拓销售渠道,不仅让农产品走得更远,也创造了更好的经济效益。

创业成果

高山及其团队每年为农户举办培训与讲座 10 余次,下乡 300 多次,组织本地与外地农户互访观摩学习 10 余次。他们种植的草莓获得了 2018 年浙江省精品草莓比赛金奖,西瓜获得了 2019 年浙江省精品西瓜比赛优质奖。2019 年,种植的草莓从移植到上市只用了 52 天,试验田亩产第一批超过 2300 斤,亩产值超过 40000 元。

庄秋园
"互联网＋公益＋乡村"，助力乡村振兴

创业名片

庄秋园，女，1994 年生，浙江诸暨人。毕业于上海济光学院。国家西部志愿者、诸暨市吾欣公益发展服务中心创始人。现任诸暨码农网络科技有限公司总经理，带领吾欣公益团队获得 2018 年度优秀社会组织等荣誉。

创业经历

庄秋园是土生土长的诸暨马剑人。大三实习期间，庄秋园就选择返回家乡，从事农产品网销，开启了"90 后"姑娘不一样的创业人生道路。2016 年，她组建了一支志同道合的"90 后"团队，成立了码农网络科技有限公司，并在初创之时就极具前瞻性地将产品与企业发展构想有机结合起来，创建了自己的品牌——"马相公"长寿面。第一年，公司通过个人代收代办，统一包装销售长寿面，销售额达 15 万元，从而成为马剑长寿面通过互联网走向全国的创新案例。

不仅如此，庄秋园还创立了本地新媒体运营品牌"醉拉疯"，结合微信、微博、短视频等方式，为农业企业宣传农产品及创业故事，服务对象有诸暨市农业农村局官微、浙江永宁弟兄农业开发有限公

司、"民升优鲜"平台、牛牛家庭农场等 10 多家单位，涉及领域包括生鲜配送、果蔬种植、种粮、乡村民宿、旅游发展等。

在创业的同时，庄秋园还积极投身到农村公益事业中。她与浙江农林大学暨阳学院人文学院、生物环境学院达成合作，建立人才实训基地。组织引导 150 多名青年志愿大学生参与乡村振兴，为农户销售农产品出谋划策。2018 年 1 月，庄秋园创办诸暨市吾欣公益发展服务中心，其拥有一支主要由"90 后""00 后"组成的志愿者团队，通过乡村公益课堂的形式让知识下乡、技能下乡，让很多有想法的青年人一起助力乡村振兴，打造一种"互联网＋公益＋乡村"的新模式。

创业成果

码农网络科技有限公司创新的"互联网＋公益＋乡村"服务体系已在诸暨市 14 个乡镇街道、23 个行政村落地，服务本地农业企业 8 家。2018 年，公司发布诸暨首个"互联网＋公益"模式的线上影响力平台 ——"吾欣学院"，短短一年时间粉丝已突破 1 万，服务 2.5 万人次。同时，平台汇聚了 30 多名优秀的社会青年导师，以知识扶贫、技能扶贫的方式，开展乡村公益课堂服务达 130 多场次。

诸暨市吾欣公益发展服务中心已成为绍兴市唯一一家拿到 2018 年度中央福彩项目的社会服务组织，并且经过两年努力，成功完成省、市级公益项目 7 个，帮助农村受助对象提高经济效益 10% 以上。平台发起的助力乡村振兴公益活动陆续被央广网、光明日报等各大媒体报道。

未来，庄秋园将为贫困地区优质特色农产品搭建市场平台，打通销售渠道，让更多的农产品通过互联网走出乡村。

王 樑
打造高品质水稻绿色科技示范基地

创业名片

王樑,男,1989年生,浙江绍兴人。毕业于东北农业大学。现任绍兴腾凤农场有限公司董事长。曾获绍兴市十佳优秀种粮大户等荣誉。

创业经历

王樑出生于绍兴市越城区富盛镇。自小就深知父辈种粮艰辛的他,凭借自己的努力把农场打造成省级示范性家庭农场。2014年,王樑创建了绍兴腾凤农场有限公司,宗旨为绿色、高效、共赢。

王樑承包的田地被列入省粮食生产功能区,是市县级优良品种示范基地。在农业局的帮助下,他推进水稻标准化、规范化生产,促进水稻产业转型升级。

为了能科学地种稻,从选种、育秧、播种、田间管理到收割,每一步,王樑都虚心向书本

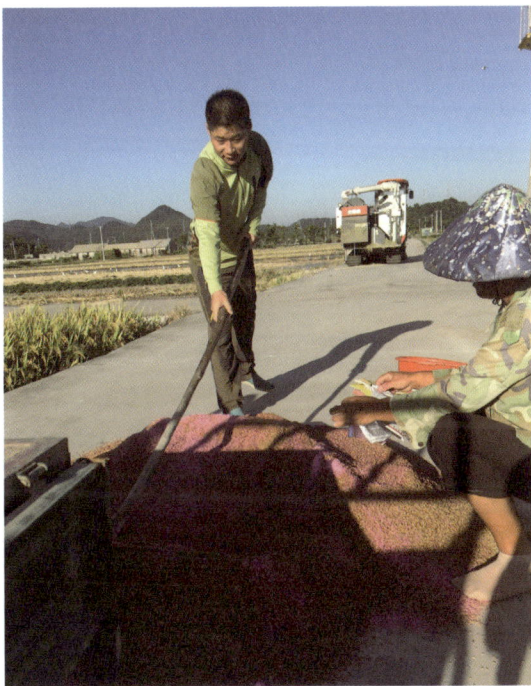

学、向农技站的专家学、向其他有经验的种粮大户学。王樑还成立了绍兴市腾虎农机专业合作社。目前合作社拥有联合收割机 1 台，中、大型插秧机 5 台，耕田拖拉机 5 台，烘干机 5 台等机械设备，基本实现机械化操作，并能为周边农户提供优质的服务。未来，王樑将新建农业生产管理用房，其中烘干用房能为周边 3000 亩粮田提供烘干服务；育秧用房能为广大农户提供育秧、机插、统防统治服务。

以电子商务作为推手，依托本科电子商务专业，学以致用，王樑将电商运用到粮食生产和销售中去，并通过微信、淘宝等平台推介产品。

创业成果

示范基地做到统一品种、统一栽培技术、统一病虫防治、统一测土配方施肥、统一机械化作业，具有较高的标准化生产水平。公司多次召开大型现场观摩会，为周边村及农户树立了榜样，示范作用明显。

示范基地实施化肥减量暨水稻测土配方施肥和缓控释肥推广应用 186 亩，探索建立水稻"一基 + 一追"施肥模式，节省了大量人工、药物成本。示范基地水稻机插、机耕、机收、配方施肥、统防统治均达到 100%。各项农业新技术的整合推广，大大提高了生产效率。

示范基地通过测土配方施肥、农药减量工程等先进农艺技术的推广应用，减少了农业面源污染，为改善农业生态环境提供了样板。通过引进优质高产良种，实现水稻良种更新换代，不少品种增产潜力大，为今后水稻高产打下了基础。

潘康康
打造新零售销售模式

创业名片

潘康康,男,1987年生,浙江绍兴人。毕业于浙江水利水电学院。现任新昌县康有农业有限公司总经理。曾获2019年浙江省第一批中药材产业带头人等荣誉。

创业经历

2014年5月,一次偶然的机会,潘康康和家人一起去采摘覆盆子,看着漫山遍野通红的果子,他想起了小时候阿公采的果子的味道。而覆盆子作为药食同源水果,当时新昌当地还没有种植。经过一年多的考察,他发现真正的掌叶覆盆子出于山上,很少有人种植。山上的覆盆子个头很小,而市场上掌叶覆盆子的需求量很大,且很多护肤品和保健品里面都有覆盆子。他想,如果他们能种上精品覆盆子,那么未来市场肯定是一片光明的。于是在2015年,潘康康毅然流转了100多亩土地,注册了新昌县康

有农业有限公司,开启了农业创业之路。2017年,覆盆子种植步入正轨,潘康康又开始谋求转型。现代农业发展势头很好,但单一搞覆盆子不是长久之计,一定要多条腿走路。潘康康的目标很明确:对有特色、附加值高、新奇特的水果进行苗木培育和种植。于是在2017年,他将土地扩展到300多亩。目前,种植品种13个,包括掌叶覆盆子、八月瓜、黑老虎、柑橘、厄瓜多尔燕窝果等。

潘康康将开发绿色、生态、有机的药食同源放心农产品融入公司发展理念,搞现代农业种植。他走的第一步就是选择水肥一体化种植,这样可提高效率、节省生产成本。他意识到,身处"互联网+"的大时代,必须利用自己所掌握的市场资源,生产出绿色生态水果,才能实现农产品利润的最大化。

潘康康利用新零售模式进行销售,从最初的微商代理转为社区模式进而转到当下最流行的抖音、快手等短视频直播营销,未来,还将打造一个四季采摘园。

创业成果

作为"80后"创业青年,潘康康利用新零售的模式,将线上线下结合起来进行销售,利用社区模式让自己的水果和中药材在当地家喻户晓,新昌电视台、新昌日报、绍兴晚报竞相采访报道。不仅给当地提供了众多就业岗位,还带领周边农户走上了致富之路。

阮胜钢
推动绍兴鸭产业化经营

创业名片

阮胜钢,男,1978年生,浙江绍兴人。毕业于山东大学。现任绍兴咸亨绍鸭育种有限公司(绍兴市绍鸭原种场)总经理、绍兴市绍鸭禽业专业合作社理事长、绍兴市绍鸭产业协会秘书长、绍兴市大学生农创客发展联合会理事。曾获中共绍兴市工贸国资系统优秀共产党员等荣誉。

创业经历

2007年5月,阮胜钢参与出资组建绍兴市绍鸭禽业专业合作社,发展农民出资社员101户,联系和带动农民社员500余户,建立以养鸭农户为主体、家庭经营为辅的"公司+合作社+农户"合作经营模式,开展绍兴鸭产前、产中、产后系列化服务,推动绍兴鸭产业化发展。2008年8月,合作社被评为浙江省示范性农民专业合作社。

阮胜钢刻苦钻研技术,带头参与改进养殖、孵化设施设备,改进了种蛋孵化箱、检测器、托盘、旋转架,以及种鸭饮水槽等生产技术设备,获得5项实用新型专利,极大地提升了绍兴鸭养殖、孵化实用技术水平。

担任公司主要负责人后,阮胜钢在做好原有工作

的基础上,根据企业自身的特点和发展需要,重新梳理了一整套关于质量管理、成本核算、营销管理、生产管理、科研及开发应用、保种选育和畜禽防疫等方面行之有效的管理制度,有效保证了企业的良性运转,同时还推动建立了一整套质量标准体系,对所有产品都制定了企业标准,每种产品都安排专人执行严格的生产监督和验收标准。2017年,阮胜钢与浙江省农科院水禽首席专家卢立志等一起,参与编写了绍兴鸭的国家行业标准,获得农业部(农业农村部)的批准,并编印成册。

在阮胜钢的带领下,公司对内加强管理,提升实用技术水平,并与浙江省农科院、浙江农林大学合作开展新品种研究与新产品加工开发;对外拓展绍鸭品牌产业链,大力开发终端销售市场,通过供销电子商务有限公司等开展线上微商、电商合作推广;线下在市区开设多家家禽直销店。目前公司鸭、蛋等家禽产品已经成为市财政、公安、农业、党校等大部分机关、学校食堂的供应产品,是供销超市、大润发超市等指定鸭蛋供应商。

创业成果

经过10多年艰苦不懈的努力,公司年销售额达5000万元,年提供推广父母代种鸭200万羽以上,鸭苗已经远销安徽、河南、江苏、江西等20多个省市。2017年7月,公司绍兴鸭产品获得浙江省禽类十大名品优胜奖。

金 华

金美艳
科技助推中草药产业发展

创业名片

金美艳,女,1988年生,浙江武义人。毕业于英国东安吉利亚大学。现任浙江万寿康生物科技有限公司总经理、浙江省农创客发展联合会理事。曾获浙江省首届十佳大学生农创客、金华市十佳杰出青年、金华市十佳海归创业人才、全国青年致富带头人等荣誉。

创业经历

2010年,留学归来的金美艳做过房地产开发调研、企业管理等工作。2013年,金美艳创立浙江万寿康生物科技有限公司,致力于名贵珍稀中药材品种选育、仿野生栽培,以及新工艺深加工研发、生产、销售等。

金美艳科学地将园区划分成高新生物科技园区、中药材现代化种植区、休闲观光旅游区、原生林木养生区、百果园等5个区块。

为顺应"互联网＋"趋势,金美艳将产品放到网上,通过天猫专营店、京东旗舰店、微商城、实体店,以及外省市代理商、微商平台等,将万寿康终端养生产品推向全国。金美艳结合武义旅游产业优势,在现代中药材核心产业基础上开发具有自身特色的"中医药养生文化主题游",集观光科普、农场互动、生态休闲、康养旅游于一体,包括"城郊一日游、亲子游、全家乐、农家乐、农品DIY、休闲养生、中药保健品采购游"等内容,为单一的中药材现代产业园注入创新元素。

金美艳除了专注自产自销的中草药,也利用留学资源从各国搜集高品质滋补养生品,与自有产品相融合,在国内进行全系列养生品销售,也将自己生产的灵芝、铁皮石斛等产品往国外输送。

金美艳非常重视企业自身的产学研能力,并不断扩大企业科研力量。公司与浙江大学、浙江理工大学、浙江省农科院等形成稳定的合作关系,并聘请多名医药学、营养学、农学的教授、博士,长期参与企业科技研发工作,在中药材育种、示范种植、保健品精深加工等方面,取得了较大成绩。

创业成果

公司流转土地 900 亩,年产值达 1200 万元。2019 年公司新增就业岗位 18 个,年人均工资为 4.27 万元,农民新增工资性收入 76.86 万元;新增季节性就业岗位 15 个,年人均工资为 8687 元,农民新增季节性工资收入 13.03 万元,年农民收入共增加 89.89 万元。2019 年,公司招收 30 名各省市代理开展网络新零售推广工作,每名代理年均收入达 10 万元。为了让公司走得更远,金美艳注册商标"万寿康""御寿芝",不断推出以女性消费群体为目标的新产品。公司获得了 12 项专利,成为金华市农业科技型企业、金华市高新技术企业、国家高新技术企业。此外,金美艳还分别接轨海王集团、北京同仁堂、老百姓大药房等,不断规范产品质量,谋求更大发展。

钱继昌

打造"批发＋电商＋加工"水果营销新模式

创业名片

钱继昌，男，1987 年生，浙江金华人。毕业于南京陆军指挥官学院。现任金华市金东区橄榄绿家庭农场农场主、金华市婺酒生物科技有限公司总经理、浙江省无花果产业协会理事会副理事长（副会长）、金华市果蔬协会理事。

创业经历

钱继昌出生于浙江金华，祖辈皆务农，父亲在金华成立了金华市一品鲜葡萄专业合作社，从事葡萄种植和销售。因此，他自小就深知父辈种植和销售的艰辛。他就读的是法律专业和农民专业合作社管理专业。2011 年，钱继昌退伍回乡，帮助父亲经营合作社，发现合作社及其周边农户种植的无花果大量滞销，倍感痛心。于是从问题出发，找原因、找出路，他从省农科院引进、筛选品种，并和村民们一起走访我国各大水果市场和无花果种植基地，终于找到了滞销的根本原因——无花果销售模式不合理。零散出售导致市场竞争力不强、劳力成本增高，再加上当时鲜果保存方式不科学，新鲜商品果走不远、价格卖不高是必然结果。找到无花果滞销的原因后，钱继昌于 2015 年成立了金华市金东区橄榄绿家庭农场，通过对新鲜商品果

进行统一包装、统一品牌、统一运输，采取客商上门订货、电商销售、全程冷链配送的销售模式，并且配备农产品检测室及配套检测设备，保障果品质量安全。

由于无花果易破皮，雨水多时不宜销售，钱继昌于 2019 年成立金华市婺酒生物科技有限公司，主要生产无花果等水果深加工产品。公司现有果酒、果酱、果干三条生产线，坚持健康、自然、安全的果品生产观念，秉承"顾客至上，锐意进取"的经营理念，坚持诚实守信的原则，为广大客户提供优质的产品和服务，促进了金华无花果行业的飞速发展。

创业成果

金华市金东区橄榄绿家庭农场现有水果种植面积 200 多亩、育苗面积 120 亩，主要品种有玛斯义陶芬、金傲芬、波姬红、布兰瑞克等。公司组织收购周边农户种植的无花果、葡萄，并且进行深加工，带动周边农户 500 多户，果品种植面积达 3000 多亩。农户亩均收入在 2 万元以上，总产值在 2019 年突破 5000 万元。

未来，钱继昌团队将进一步探索无花果等水果的互联网销售模式，对果品的深加工做进一步研究，为传统果品市场转型升级探索一条重要的创新之路，促进无花果产业的健康可持续发展。

鄢继琼
致富不忘乡邻，小农场变"辣椒村"

创业名片

鄢继琼，女，1979年生，浙江金华人。2017年被选为浙江省第十三届人大代表。2019年参加浙江省现代农业经营领军人才提升班，就读于浙江农林大学。所创"薛丽萍家庭农场"已成为省级示范性家庭农场，被评为金华市放心农产品示范基地、金华市农村科普示范基地。

创业经历

2000年，鄢继琼跟随丈夫薛丽萍回乡创业。某日，在兰溪表哥家游玩时，鄢继琼发现了暴风雨后烂在地里的辣椒，非常心疼，于是决定带些辣椒苗回家试种。自此，她与辣椒结下了不解之缘。

回乡后，鄢继琼与丈夫一门心思扑在辣椒上，辛勤的汗水收获了丰厚的回报。在小两口的精心打理下，辣椒地从一亩、两亩、三亩渐成规模，家里的交通工具也从摩托车、三轮车换成了四轮汽车。

当然，创业之路并非一帆风顺。2008年，正值辣椒丰收期，短短几分钟的一场大雪，压垮了农场里100多个毛竹大棚，造成农场几十万元的损失。平复情绪后，鄢继琼夫妻两人便着手修复毛竹大棚，很快农场又呈现出一派生机。为了更

好地抵御风险,她又追加投入,将前期的毛竹大棚全部翻新为单体钢架大棚。

2016年,董村日渐成规模的辣椒种植吸引了外界的注意,"薛丽萍家庭农场"正式成为金华市农科院的试验田之一,先后引进60余个新品种进行试种,并选择产量高、抗病能力强、适合当地种植的品种进行示范与推广。鄢继琼始终坚信"科学技术是第一生产力",要想让辣椒种植更上一层楼,就必须不断学习。于是,鄢继琼利用农闲时间,邀请金华市农科院技术员,省、市级蔬菜专家,金华职业技术学院农学院教授,农业保险技术员等来村里讲课,进行现场指导。近年来,鄢继琼相继组织开展了关于辣椒种植技术培训、防治辣椒病虫害培训、蔬菜价格保险座谈会、高素质农民培育(辣椒种植技术)培训班等,让农民的经营模式从传统农业向现代农业、高效农业、生态循环农业转变。

创业成果

辣椒上市季节,董村全村日销辣椒超1万公斤,人均年增收2万元以上。为保证农产品质量安全,鄢继琼对每批辣椒严格把关,提前自检农药残留。每天,她的农场光是给"蔬菜体检"就要花费比别人多几倍时间。2019年11月,鄢继琼成立了婺城区农合联现代农业

综合服务中心辣椒产业服务站,下一步将入驻农产品批发市场,为整个婺城区提供定点批发配送服务,为广大农户提供销售平台,并配备技术员开展追踪服务,为产品产量和品质提供保障,提高生产效益。

陶程宏
打造葡萄从生产到消费的完整服务链

创业名片

　　陶程宏,男, 1989 年生,浙江金华人。毕业于湖南师范大学。现任金华程宏农业科技有限公司经理、金华市第七届政协委员。公司曾获中国第十五、十八届绿色食品博览会金奖,第十三届中国国际农产品交易会金奖,浙江省农业科技企业,浙江省品牌示范企业等荣誉。

创业经历

　　陶程宏出生于金华市金东区塘雅镇——中国葡萄之乡,自小在葡萄园长大。2010 年,大雪压垮家中果园,为减少雪灾损失,他回家帮忙抢修果园大棚设施。当年,陶程宏便决定回家创业,并于 2012 年创建金华程宏农业科技有限公司,开始从事葡萄新品种国外引进、技术推广工作。

　　在 2012 年至 2015 年间,陶程宏跑遍全国各葡萄主要产区,走访收集了各产区的产期信息及品种分布。机缘巧合下,他与刚开始起步的百果园集团有了交集,与其分管葡萄品类采购的副总在金华深聊后,明确了公司未来果品的销售方向、品种趋势、发展计划,初步有了发展浙江区域门店配送的意向。利用之前积累的全国各产

区种植信息,陶程宏通过两年的摸索,初步建立了公司供应链板块业务,正式开始供应华东区各门店。为满足庞大的门店供应需求,公司技术团队提供技术服务。陶程宏在全国开展技术培训,帮助果农及时掌握市场动向,以及各品种果品标准,从产地开始严格执行各项果品指标。

此外,陶程宏还积极引入新品种,在金华试验基地进行新品种的种植技术探索,产出的果品第一时间送至各渠道采购部门,收集各渠道的反馈,以及销售的意向程度,从而避免了以往果农自己埋头苦干、种出果后发现市场并不认可、渠道及百姓需求的果品不能稳定供应的问题,既让果农少走歪路,渠道销售计划也能更迅速制订。

创业成果

金华程宏农业科技有限公司在全国共建立合作基地2000余亩、服务基地6000多亩。2019年合作基地完成销售4000余万元。2019年开展技术服务培训会16次,培训人员3000余人次。陶程宏连续两年受邀参加全国葡萄大会并做主旨演讲。

未来,陶程宏和他的团队将重点垂直打通生态果品从生产到市场消费的完整服务链,推动葡萄品种的引进及种植技术创新,通过运营服务体系的建设和模式创新,在打通服务链后,可扩展至更多水果品类,帮助更多果农解决销售问题,从而为新农村建设和乡村振兴添砖加瓦,贡献自己的一分力量。

徐　跃

"90后"小伙蓝天下的创业梦

　　徐跃,男,1992年生,浙江兰溪人。毕业于浙江国际海运职业技术学院。现任兰溪市跃动植保科技有限公司总经理、金华市农创客发展联合会副会长。曾获兰溪市首席乡土技师,全国植保无人机操作技能优胜选手等荣誉。

创业经历

　　徐跃出生于金华兰溪市永昌街道永昌新村,是一位"90后"小伙子,是兰溪市跃动植保科技有限公司的创始人。

　　徐跃在大学期间学的是航海技术,毕业后成为一名远航海员。几年前,他辞去远航工作回到兰溪,就近在一家光伏企业做无人机勘察工作,短短一年时间,他就成为一名无人机驾驶"老手"。一次偶然的机会,徐跃捕捉到商机,成就了他农作物病虫"飞防"大业,实现了他新型职业农民的创业梦。

　　徐跃请安吉的团队先到兰溪帮他推广、试验,给游埠镇下王村的种粮大户王志华做了植保。他们对王志华的600亩早稻所做的一半用无人机飞防、一半用人工喷药的对比,表明无人机的防治效果更到位,最突出

的一点是无人机飞防作业效率高,不误农时,不误最佳施药期。徐跃的心里有了底,便于 2017 年 6 月创办了兰溪市跃动植保科技有限公司,与另外两位合作伙伴一起专业从事无人机植保。徐跃在成功考取大疆慧飞培训教员资格证后,公司也相应开展了植保无人机的培训、销售及售后等业务。植保无人机不断地出现在田间地头,也吸引了越来越多的年轻人。

创业成果

截至 2019 年底,公司已为数百个农户服务,培训学员 20 余名,加快了对现代化农机人才的培养,让更多年轻人加入这个行业。

植保无人机的喷洒效率是传统方式的 30 倍,降低了农业的生产成本,增加了农民的收入;无人机喷洒能节水省药,最大限度地减少农药对环境的影响;此外,植保无人机的应用还解决了农村劳动力短缺、喷药安全及环境保护等问题。

未来,徐跃和他的团队将重点开展现代农业智能化机器的推广应用,真正把"机器换人"落到实处,让更多农户体验和享受农业科技化带来的便捷,助力乡村农业发展。

王美君
逐梦"三农"，白领转型职业农民

创业名片

　　王美君，女，1983 年生，浙江东阳人。毕业于国家开放大学。现任东阳市碧得丰粮食专业合作社理事长。曾获浙江农业农村十大新闻人物、浙江省"百名农创客"、浙江省青年致富带头人等荣誉。

创业经历

　　2008 年，王美君辞去白领工作投身农业，开始过上农民的生活。她的选择遭到父亲王继芳的反对，但最后她还是毅然投身农业生产。流转土地，购买机械设备，加上政府给予大学生从事农业的大力支持和现代化技术指导，王美君的粮田逐渐实现了盈利。

　　考虑到"单干"带来的种种问题，王美君于 2012 年 9 月牵头组建东阳市碧得丰粮食专业合作社，并担任理事长。

　　针对农业从业人员老龄化、劳动力成本高等问题，王美君通过机械、技术的应用，提高生产效率，增加生产效益。通过建设一系列经过科学规划的功能区和实行严谨的企业化管理，合作社逐步成为集粮食生产和示范功能于一体的综合性服务组织。

　　机械化的推广颠覆了

父辈们依靠雇工、劳动力投入开展土地规模经营的理念。机械的大量配置也为合作社更好地开展农机化专业服务提供了有利条件。

王美君坚持用现代企业管理的理念经营合作社,形成"合作社＋农户"的订单农业模式。通过农资集中采购降低成本、粮食集中销售提升价格,会员收益随之增加。

为扩大合作社的产业规模,拓宽服务领域,增强服务能力,树立效益意识和市场意识,跳出小农经济模式,合作社通过拉长产业链,不断提升附加值。合作社注册了"粮二代"商标,开发了"五彩大米"等多个大米产品。2018年6月,王美君成立东阳市粮二代植飞农业服务有限公司,主要经营大疆无人机植保飞防作业服务、销售、维修等业务,目前服务面积已达8000多亩。

创业成果

东阳市碧得丰粮食专业合作社2014年被认定为金华市大学生现代农业观摩基地,2015年又被评为省级示范农民专业合作社。2016年浙江省"机器换人"现场会在东阳召开,东阳市碧得丰粮食专业合作社作为重要参观点,得到浙江省农业农村厅领导的肯定。2018年,合作社全年农机化作业服务面积超3万亩,其中水稻

机械化育秧服务面积6000多亩、机插服务面积1万多亩、水稻高效植保作业服务面积3万多亩。合作社粮食烘干达到1000万吨,大米销售额近2000万元人民币。

未来,王美君还将继续耕耘和开拓,坚持走智慧农业、生态农业、创意农业的现代化农业道路,不断推动农村产业振兴,助力乡村发展。

李金辉
科研创新，打造菌菇产业综合体

创业名片

李金辉，男，1990年生，浙江永康人。毕业于浙江农林大学。金华市青年联合会第六届委员会委员、永康市第二十二届共青团代表。现任浙江菇尔康生物科技有限公司总监、永康市助秾电子商务有限公司董事长、金华市农创客发展联合会理事。曾获永康市青年拔尖人才、永康市科协系统先进个人、永康市创新创业大赛创业之星等荣誉。

创业经历

李金辉出生于金华永康市前仓镇，是一名农二代，大学期间就曾多次参加全省专业培训，包括浙江省食用菌产业带头人知识更新培训、浙江省中药材产业安全生产培训、浙江省农产品品牌建设与市场营销等。

加入菇尔康后，李金辉坚持用科技创新助力产业新发展。2009年，他开始参与和主持食用菌科研项目，获得了新品种技术10余项，包括金福菇、球盖菇、灵芝、猴头菇等品种和技术材料。

李金辉还坚持用产业融合推动农业新走向。2015年，他将基地拓展成菇尔康灵芝产业园，在食药用菌产业发展基础上，结合花园式田园感观，创新推出了菇尔康产业观光园。园区以食用菌和中药材种植为基础，将休闲旅游、科普教学、研

学示范等有机结合起来,形成了农业综合体,不仅能让学员对农业形成新的认识,更能够科普和展示食用菌和中药材的营养健康价值。在这个园区里,学员能够实实在在地实践和体验到应用技术的诀窍。时至今日,企业的种植基地已被评为浙江省农业教育培训中心实训基地、浙江农林大学实训基地、浙江省中医药文化养生旅游示范基地、浙江省休闲农业与乡村旅游示范点等。

如今,李金辉再次创新了产业生产线,实现从育种到栽培再到管理出菇,一站式全体系管理,配套信息化监控,对温度、湿度、通风、光照等环境因素进行全方位监测,助力实现有机生产,推动产品质量的提升。

创业成果

2010年"金福菇单丛重32.1公斤"获浙江农业吉尼斯纪录。2014年"农林废弃物毛芋套种竹荪计划应用与推广"列入国家星火计划项目,"大球盖菇高效栽培技术"获永康市科学技术二等奖。2017年"野生灵芝种子资源采集选育与研究""灵芝菌种筛选与栽培技术

研究"获永康市科技成果登记证书。2018年,《桑黄优质菌种培育及栽培技术》获永康市自然科学优秀学术论文一等奖。

陈　芳
"那么土"，迎来新宅高山玉米新时代

创业名片

　　陈芳，女，1981年生，浙江武义人。毕业于中国计量学院。武义佑子食品有限公司负责人，注册"那么土"商标。曾获"年度十佳农村电商带头人"、武义县第三届"互联网+"创业创新大赛一等奖、"武义县首届百佳乡村创客"等荣誉。

创业经历

　　陈芳是土生土长的武义县新宅镇新宅村人。2015年，因家乡玉米滞销，她和弟弟陈鹏决定回家通过互联网销售玉米，减轻村民的压力。结果喜人，他们姐弟俩不仅收获了村民的感激与乡情，同时也看到了互联网营销的商机。

　　这次的"滞销"事件，让陈芳对家乡的热爱更深了，她放下原来的外贸工作，回到家乡新宅，创立了武义佑子食品有限公司，注册"那么土"商标，正式走上了农创的道路，同时还帮助农民销售农产品，为村民创收贡献了自己的一分力量。2016年，她带动23户村民种植玉米，面积达120多亩，产量达127000斤，按均价4元一斤销售，产值达50多万元。

　　2016年，陈芳负责新

宅镇农村电商服务中心的运营工作。她通过现代互联网的销售模式挖掘了高山农产品的潜力，也对农产品进行了加工。目前武义佑子食品有限公司经营的主要产品有新宅高山玉米、香菇、野生锥栗仁。在陈芳及其团队的共同努力下，她们的产品与北京旅游卫视、杭州叶氏兄弟果业、浙江大学小美合作社等多家网络平台合作，迎来新宅高山玉米的新时代。

2018 年，一场由武义县府办、经商局、农业局、中国邮政武义分公司主办，武义佑子食品有限公司承办的"'那么土'新宅高山玉米进城启动仪式"在新宅镇政府举行。陈芳团队更加坚定了在农业创业道路上勇往直前的信心：撸起袖子加油干，带领农民一起创收，让更多的农产品走出大山、走向城市！

创业成果

经过多年的努力，"那么土"品牌，在当地有了一定的知名度，在杭州、上海也有了大批忠实客户。"那么土"高山玉米种植面积已达 120 多亩。新鲜玉米一上市就被抢购一空，已多次作为武义的美食代表前往全国各地参加武义县旅游推介会。目前，公司已有 280 个网上分销商、100 多家线下实体商。

衢州

贾　晔
以茶管家服务，打通茶产业全渠道

创业名片

贾晔，男，1983 年生，浙江金华人。毕业于法国图尔大学硕士研究生。任衢州市上林赋茶文化发展有限公司总经理、浙江省农创客发展联合会会长团成员、衢州市柯城区电子商务协会会长、衢州市柯城区青年创业协会会长、衢州市农创客发展联合会副会长。曾获南孔杯创业创新大赛三等奖，首届衢州市十佳农创客称号等荣誉。

创业经历

贾晔出生于金华市，2005 年毕业于法国图尔大学 。2013 年,贾晔结缘茶行业,创立上林赋茶文化品牌,致力于分享一杯好茶,做茶文化的传播者,推广全民健康饮茶。2018 年,他重磅推出"上林赋茶管家计划",专注于为个人和企业用茶提供解决方案,以"茶管家服务"深耕区域市场,并通过不断开发、完善自主茶品牌产品线,以合作、加盟等品牌输出方式加速区域战略布局。

为了保证茶叶的品质,贾晔带领上林赋团队打造产品供应链,精选全国各大知名茶产区,自建或合作建立茶园基地,通过精细化管理与标准化输出,从源头开始倾力打通茶产业全渠道。

5 年来,贾晔团队深入茶山,亲历茶园,从优质茶区里选取生态环境良好的茶山作为上林赋的合作茶园。

通过"线下门店＋线上平台"的运

上林赋
SHANG LIN FU

「暖·红」老枞红茶精装礼盒

红茶易得, 老枞难寻, 百年老枞红茶更难得。
上林赋「暖·红」,别看她粗枝大叶,
160年的时光孕育了这等菁华。
因为醇厚甘甜以及独特的花香枞韵,
深得老茶客的喜爱。

且慢·红
black tea·life
老枞红茶
上林赋

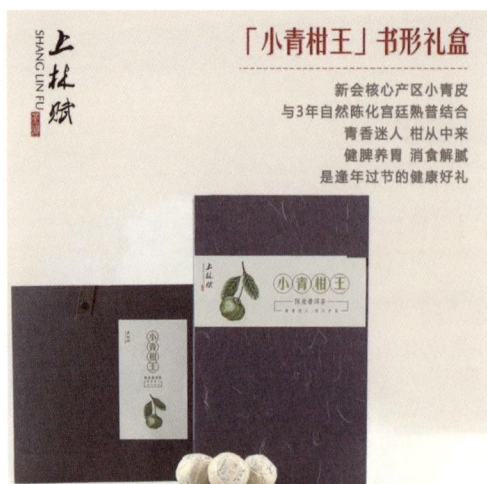

「小青柑王」书形礼盒

新会核心产区小青皮
与3年自然陈化宫廷熟普结合
青香迷人 柑从中来
健脾养胃 消食解腻
是逢年过节的健康好礼

作模式,他们不断整合线上线下各大平台资源,打通销售市场。除了上林赋线下实体店,在线上,贾晔还建立了微信自有商城等销售渠道。

2019年,贾晔重点推出了"茶管家计划",为个人和企业用茶提供解决方案。针对办公用茶市场,他推出了办公用茶包年计划:一年12斤茶,按季度配送,一年配送4次,每个季度3斤,包含1斤红茶+1斤绿茶+1斤应季茶品。

此外,针对顾客个人需求,贾晔推出了口粮茶包年计划:遵循"应时、应季、健康"原则,1年配送12款应季茶品,按月配送,每月1款,包邮到家。

创业成果

经过多年的探索和运营,上林赋茶文化发展有限公司服务全国客户已达10万余人次,VIP会员客户也有上万人。贾晔创办的上林赋茶文化发展有限公司的兄弟企业上林学堂,提供集生活美学、职业技能和新型职业农民培训于一体的综合性职业教育培训,

培训出上千名茶艺师、评茶员,让更多的人了解、学习和喜爱茶。

2018年,上林赋茶叶被作为"2018'一带一路'外国使领馆官员看民企——走进衢州"活动的指定礼品茶,赠予外宾。

黄 钢
菇鲜生，引领猪肚菇行业发展

创业名片

　　黄钢，男，1984年生，浙江衢州人。毕业于北京吉利大学。衢州市青年联合会第五届委员会委员，衢州市猪肚菇行业标准起草者。现任衢州市翔龙农业发展有限公司总经理、浙江省农创客发展联合会理事。曾获衢州市优秀农创客、2018年度浙江省农业农村厅技术进步二等奖等荣誉。

创业经历

　　黄钢出生于衢州市衢江区樟潭街道，2015年开始筹建衢州市翔龙农业食用菌研发基地。2016年初，基地投产，黄钢引进珍稀类食用菌品种——猪肚菇，填补浙江市场该品种的空白。除猪肚菇外，他还不断投入资金，开发新品种、研发新产品，从建厂初期的一个品牌一款产品，发展到现在的菇鲜生、白鹭天源两大品牌五款产品：猪肚菇鲜品、猪肚菇干品、鹿茸菇，和正在研发中的牛肝菌，食用菌酱菜系列。

　　目前，公司已拥有食用菌自动生产线车间、全自动高压灭菌柜、80P螺杆制冷机组、菌种研发室、恒温培养室等设施设备。2018年，公司二期基地总投资 800 余万元，目前已完成建设并顺利投入使用。2019年，公司三期工程计划投资 1000 余万元，已开工建设逐步投入使用。

另外，公司还建立了一个以大型蔬菜批发市场为主，覆盖全国、高效运转的营销网络。基于合作共赢的理念与经销商展开合作，以用户为中心开展各种手段营销，实现高效率、人性化的服务，形成了翔龙农业强大的前沿市场。

创业成果

经过 3 年多时间，浙江市场猪肚菇单品占有率 95% 以上，产值 1500 余万元，并以每年 30% 以上的速度快速增长。公司采用"公司+农户"模式带动周边农户发展，突破传统农户承担种植风险的模式，以"公司垫资、确保收益、产品回收"三大特点带动农户种植猪肚菇。截至 2020 年，公司已带动 5 家农场、100 余户农户直接或间接参与猪肚菇种植，并取得较好的经济效益。近年来，衢州猪肚菇产品在江浙沪地区越来越受到消费者的认可，一个以衢州市翔龙农业为核心的区域化产业模式已经初步成型。

汪 舜
打造"开化小甜枣"特色产业

创业名片

汪舜,男,1986年生,浙江开化人。毕业于浙江农林大学。现任浙江开化中悦农业开发有限公司董事长、浙江省农创客发展联合会理事、衢州市农创客发展联合会副会长等。曾获2018年中国科技挑战赛三等奖、浙江省第二届农村创业创新项目创意大赛二等奖、衢州市美丽新农人等荣誉。

创业经历

汪舜出生于浙江开化县的农村,2005年通过自己的努力考上了浙江农林大学。毕业后,他在杭州萧山国际机场工作,其间创办了诸暨天目教育咨询服务有限公司,从事教育培训管理工作。此外,他还创办了杭州顺成教育咨询服务有限公司,从事建筑行业教育培训工作。

2017年,汪舜放弃国企高薪职位回乡创业,打造"开化小甜枣"地标性水果产业,提高农民收入,为乡村振兴添砖加瓦。

2018年,汪舜当选为衢州市农创客联合会副会长,向开化县委县政府提出建立"开化农创客孵化园"的提议,得到县里重视。汪舜全程参与谋划、实施、建设并承担建成后的运营,为开化农业注入了更多新鲜血液。

同年，汪舜与省科技特派员何勇老师及他的学生一起创办了浙江开化一块地网络科技有限公司，主要从事共享农业的研究与开发。"城市菜园地"的概念，通过物联网技术达到远程可视化操作程度，圆了城市人的"田园梦"。

对农业了解越深入，汪舜越深感农业技术在农业生产中的重要性。同年，他创办了浙江开化爱净农业科技有限公司，与中科院、浙江大学共建了联合研发中心，从事物理防控技术研发。公司研发的新型材料物理防治大棚膜，可利用光触媒杀菌技术，达到减少抗菌药使用的目的，理论上可以替代抗菌药。该技术已获得新型实用专利，并且在浙江省农村创业创新项目创意大赛获得二等奖。

创业成果

经过两年多的探索，汪舜已成功带动9家初创农业公司落地。未来，汪舜和他的团队将重点通过自身的产业发展带动当地更多年轻人回乡创业，在开化县逐渐形成"一园一平台，一县一产业"的模式，让更多的农村年轻人在当地致富，助力乡村发展。

郑贞栋
让自主品牌在全国"冒个泡"

创业名片

郑贞栋，男，1984年生，浙江江山人。毕业于山西建筑工程专修学院。现任浙江冒个泡电子商务有限公司董事长。曾获全国农村青年致富带头人、浙江省农村青年致富带头人、中国农村电商致富带头人、浙江省农村电子商务创业示范青年、浙江省农村青年电商企业导师、浙江省十佳农创客标兵等荣誉。

创业经历

2010年，郑贞栋以他敏锐的互联网思维和专业的电子商务技能，开始了淘宝创业，之后创办了浙江冒个泡电子商务有限公司。

作为计算机、电子商务专业教师出身的他，紧紧抓住当时互联网领域区域农产品品牌缺失的商机，有效整合百度、阿里巴巴、腾讯、京东各大电商平台资源，将江山猕猴桃迅速打造成"爆款""网红"产品。

郑贞栋致力于将江山猕猴桃销往全球，他前往美国、新加坡、日本、英国等几个国家调研。到2019年底，江山猕猴桃已经通过亚马逊平台向全球销售了约15万斤。

江山猕猴桃在互联网确立了品牌和口碑之后，线下产业链体系的建设与提升还需持续跟进。为此，郑贞栋主动出击，先后斥

重资收购了江山韵达快递，并运用韵达快递公司拥有遍布全国各地网点的优势，在全国同行中抢先一步做到了江山猕猴桃网上下单，第二天到家品尝的配送服务。

农产品终端销售问题一直是困扰当地政府和农户心中的最大问题。2018 年，公司与当地贺村镇政府共同规划建设浙闽赣皖四省边际农产品 C 端集散中心。"冒个泡"通过与多个农产品合作社建立合作，放大了 C 端效应，推进产业转型提升，推动高效、生态、有机示范基地建设。

浙江省是国内电子商务行业发展最前沿也是最发达的省份，"浙江电商"品牌对浙闽赣皖四省来说，更是一块光芒四射的金字招牌。集散中心的建设，能够更加迅速、高效地打响"浙江电商"尤其是农村电商在全国的品牌影响力。同时，集散中心能够更加迅速、高效地将四省边际的优质农产品资源集聚，对于打响"三衢电商"品牌是一个千载难逢的良机。

创业成果

浙闽赣皖四省边际农产品 C 端集散中心已完成第一期建设。项目建成之后，将有力地推广和提升"浙江电商"品牌及全国农村电商领域的影响力，牢固确立和提升"三衢电商"品牌在浙闽赣皖四省边际的核心地位。项目使得全国优质农产品资源汇聚到衢州，预计可带动线上线

下就业一万多人，带来年网络销售额 20 亿元以上，从而促进线下农产品的提档、提质，为乡村振兴和美丽乡村建设提供"衢州样本"。

饶胜男
践行"互联网＋农业＋旅游"模式

创业名片

饶胜男,女,1983年生,浙江衢州人。毕业于莫斯科国立大学。现任衢州淘谷居生态农业发展有限公司总经理、衢州市农创客发展联合会秘书长、衢州市留联会副会长、衢江农小青创业创新联盟会长等职务。曾获浙江省农村电子商务创业带头人、浙江省三八红旗手、浙江乡村振兴带头人"金牛奖"、中国农村电商致富带头人、浙江省十佳农创客标兵等荣誉。

创业经历

作为海归硕士,饶胜男于2013年回国接管了父母经营了8年的农场,取名衢州市衢江区淘果园家庭农场,并于2014年成立衢州淘谷居生态农业发展有限公司。

公司致力于农产品销售、农业技术开发和培训。公司的理念是做"绿色""生态""有机"的放心农产品。搭建的CSA(Community Supported Agriculture,社区支持农业)农产品电子商务平台,以"体验式消费＋订单农业"的模式,提高经营效益,通过"线下的实体店＋线上的微信公众号(微商城)平台",为城市家庭提供新鲜、营养、放心的生鲜农产品,开通了生态农业对接城市消费的直通车。

公司旗下的基地"衢江区淘果园家庭农场"位

于衢州市衢江区周家乡,占地350亩,地理位置和气候条件十分优越,是周家乡四季水果农业观光休闲园的核心区块。公司采用"蔬菜杂粮—鸡鸭养殖—农家肥培植"的生态循环模式,通过科学的方式实现放心农业的智能化管理。园区主打产品有土鸡,鸭,白枇杷,红心、黄心猕猴桃,葡萄柚,甜橘柚等。农场配套有餐厅、住宿、会议室、多功能厅,同时配备农产品检测室及配套检测设备,现在已经发展成一个集休闲采摘观光旅游于一体的复合型农场。

农场运用物联网、云平台等技术,建立图像识别系统和远程智能化生产控制系统,提升现代农业管理水平。饶胜男提出农业生产"IP+物联网"智能管理平台概念,实现了品种智能化种植管理。2016年,淘果园被选为G20杭州峰会总仓食材供应基地。

创业成果

衢州淘谷居生态农业发展有限公司旗下基地淘果园家庭农场被评为浙江省省级示范性家庭农场、衢州市休闲观光农业示范点、G20杭州峰会总仓食材供应基地、浙江省农民田间学校、种植业"五园创建"省级示范基地。衢州淘谷居生态农业发展有限公司获评2018年度衢江区区长特别奖——新兴产业成长奖。2018年,衢州淘谷居通过电商销售衢州本地农产品1747.71万元,带动衢江贫困农户销售农产品118.6万元。饶胜男创新"互联网+农业+旅游"的新型发展模式,打响了家乡放心农产品品牌,不仅提供了众多就业岗位,还带领周边农户走上致富之路。

王晓丽
金融白领，打造高素质农民培育新模式

创业名片

王晓丽，女，1980年生，浙江江山人。毕业于西安理工大学。曾任中国农业银行股份有限公司杭州城东支行公司部副经理、个人业务部经理、农行庆春支行行长。现任浙江现代耕读培训服务有限公司董事长。曾获江山市十佳农创客等荣誉。

创业经历

2017年，王晓丽怀着一颗"爱农、支农"之心回到农村创办了浙江现代耕读培训服务有限公司，深耕高素质农民培育产业。围绕高水平推进乡村振兴人才队伍建设，王晓丽以培养农村实用人才为重点，按照"分层分类、融入产业、强化培育、以用为本、规范管理、提质增效"的原则，整合培训资源，规范培训管理，创新培训模式，走出了一条有特色、高质量，提质增效的农民培训之路。

创业之初，王晓丽有迷茫，也有困惑，但更多的是来自亲朋好友的压力，他们不理解为何她要放弃好好的工作不干，偏偏回到农村，和农民打起交道。生性要强的她深知农村天地广阔，农业大有可为，尽管她对农业产业、农业培训一无所知，但她放下身段深入田间和农民交流,听取来自最基层的声音。她也会跑到省内其他优秀的培训基地做学生,向基地工作人员请教如何做好培训。她更会一遍又一遍向省内的专家、高校教授讨教培训模式。为了给学员更好的后勤保障,她不断升级农场的住宿、餐饮标准,统筹好学员的接送安排。为选择合适的外出参观考察基地,每次她

都是提前踩点,并和基地的负责人深入交流,做好对接工作,让学员真正可看可学。

功夫不负有心人,耕读培训慢慢走出了一条具有自己特色的培训之路,获得了主办方的信任,也得到了学员的满意评价和高度赞扬。学员到耕读农场参加培训,能真切感受到王晓丽的用心做事、真心待人、诚心服务,真正把学员的培训放在第一位,真正实行教育培训与政策扶持、人才管理和跟踪服务相衔接,实现由"培训"到"培育"、由"办班"到"育人"的转变。

创业成果

近年来,王晓丽团队成功承接了浙江省千名农创客大培训培训班,浙江省新型职业农民培育信息管理系统培训班,浙江省省级实训基地、田间负责人培训班,浙江省蛋禽质量安全管控班等 50 多个培训班,培训学员超 2000 人,为农业产业发展提供了人才保证,并承担了多次省部级培训任务。在她的努

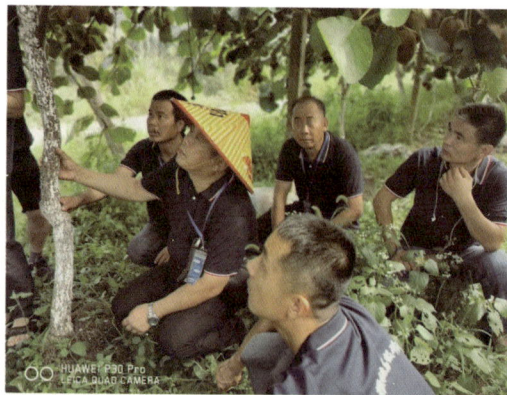

力下,她的江山耕读农场于 2017 年被评为全省农业教育实训基地和浙江农民大学示范实训基地,2018 年又被评为全国新型职业农民培育示范基地。

Quzhou logo

柯起超

精品融合互联网，助推乡村柑橘产业发展

创业名片

柯起超，男，1984年生，浙江宁波人。毕业于浙江万里学院。创办、参与过贸易、服装、能源、汽车、IT等领域经营实体。现任农法自然（浙江）农业科技有限公司总经理。曾获衢州市"乡村百师"、中国杰出职业经理人等荣誉。

创业经历

在食品安全越来越受到大众关注之时，柯起超创立农法自然农业科技有限公司，秉承"抱朴守拙，回归自然；与四时合其序，与自然合其真"的理念。

柯起超从种植上改良技术，首先保证种出的产品是健康无毒害的，在种植过程中，修复环境，恢复土壤、水的健康，实现人与自然和谐共赢。在探访了全国20多个地方后，柯起超最终在2016年选定衢州市柯城区为南方第一个种植基地，种植当地标志性农产品——柑橘。衢州是有名的柑橘之乡，已有几百年的种植历史，柑橘非常适合在这里生长，又有其他地区所不具备的核心优势：黄龙病的天然免疫区。衢州的环境天然抑制柑橘木虱的生存，为柑橘提供了一层防护。

农法自然农业科技

有限公司组建了自己的"农科院"，集结各大领域专家，联合当地农业农村部门，攻克了一个又一个难题，走出了一条完全杜绝化学药剂的新型种植模式发展之路。公司以传统农耕文化为基础，结合现代科技，打造了一个数字化的农场，集气象数据采集、环境探测、果树监测、病虫监测、数据分析、农事管理、仓储管理、产品追溯等功能于一体，将数字化应用到实际，转化为经济效益，并按照新型种植模式制定企业标准，完善生态农业种植管理体系，打造区域品牌。

2019 年，农法自然农业科技有限公司投产面积 248 亩，产量 100 吨，产值 300 万元。未来，公司会陆续开放加盟模式，输出新型种植技术，推广生态种植模式，推动有机肥替代化肥，线上线下推广衢州柑橘品牌，扩大品牌知名度。

创业成果

农法自然农业科技有限公司已打造 1055 亩标准种植园，实现无化学种植。公司利用微生物技术激活土壤活力，使用绿肥为土壤培肥，基地土壤 pH 值从原来的 4.7 达到 6.9，有机质含量从 1.7% 提升到 3.8%。通过土壤健康化培养，间接提升了水质，环境改良初见成效。按此模式，公司在山东、福建、新疆等地陆续再建了 4 座示范基地。此外，公司与阿里巴巴合作打造数字农场，推广新型销售模式，在树苗结果前，就已经通过果树红包认养的模式预售果树一万余棵，新颖而接地气的销售方式引起了客户的兴趣。

占俊涛
初见投缘，被玫瑰围绕的小伙

创业名片

　　占俊涛，男，1989年生，浙江龙游人。毕业于杭州电子科技大学。现任龙游妙心农业发展有限公司总经理。曾获衢州市龙游县第四届"社保杯奇思妙想"创业创新大赛一等奖。公司获衢州市龙游县村级电子商务创业带动就业示范点等荣誉。

创业经历

　　占俊涛出生于衢州市龙游县，从小对花草有着浓厚的兴趣。2012年，杭州电子科技大学编辑出版专业毕业后，占俊涛回到家乡龙游创业，与人合伙创立了初见玫瑰园，宗旨是"让花艺走进生活"。

　　通过几年的努力，农场有了长足的发展，建设成为切花生产基地，成为可实现生产、观光采摘、线上线下销售于一体的现代化农场。2015年，占俊涛投资建设700平方米连栋大棚，引进国外优秀切花品种，如朱丽叶、碧翠丝、红色奇迹等50余种，建立母本库，正式试验欧洲品种在本地的生长和产能。2018年，占俊涛投资新建了现代化的切花生产基地,配备风机,电动遮阳网,喷滴灌机等设备,引进200余个品种,从灌木到藤本,从微型阳台月季到庭院大花月季,大大丰富了产品种类,拓宽了生产线,更大程度地满足客户和市场需求。与此同时,他还引进种植了尤加利、绣球花、铁线莲、紫藤、凌霄等景观植物,不仅花材可以做到自给自足,还可以向花店供应尤加利等叶材。

通过水肥科学精准管理、大棚温湿度控制,以及植株病虫害预防等相关技术的运用,花卉年产量提高到80多万株,在提高产量的同时也大大提高了企业经济效益。温度控制可以精准控制花期,让鲜花在节假日盛开,提高了利润空间。错开不同品种花期,可降低销售风险,减小损耗和库存压力。新基地的投入使用带动了周边村民10余人就业,基地里的日常维护、修剪、浇水、除草、采花、嫁接等都有当地村民的身影,提高了他们的收入。

创业成果

经过努力和探索,初见玫瑰园种植玫瑰7万余株,流转土地32亩,建设生产大棚30个。

未来,初见玫瑰园将重点打通玫瑰鲜花从种植到市场消费的完整服务链,以互联网思维让传统种植业直接面向终端消费者。此外,初见玫瑰园还将进一步增加技术和设备投入,提高生产效率、产品品质,提高农业现代化水平,助力乡村发展。

姜　鹏

"一盒故乡"，构建农旅文创融合发展新模式

创业名片

姜鹏，男，1988年生，浙江龙游人。毕业于吉林农业大学。国家三级广告设计师、农村电子商务师。现任龙游不亦乐乎电子商务有限公司CEO。先后获衢州市龙游县创新创业一等奖、衢州市"奇思妙想"创新创业一等奖、衢州市网货包装设计大赛金奖、国家旅游商品设计大赛铜奖等荣誉。

创业经历

2016年，姜鹏返乡创业，组建了龙游不亦乐乎电子商务有限公司。这是一家大学生返乡创业的农村电子商务公司，吸引了12名大学生一起回乡创业。

2018年，公司发起了"一盒故乡"项目，充分利用当地特色的民风民俗、独特的传统技艺、地道的风味美食、独特的自然风光，挖掘独具匠心的农特产品和手工艺品。同时，该项目集聚起一批志同道合的青年人一起创业。姜鹏积极参与农村电商公共服务，连续三年获龙游县电子商务贡献奖，公司被评为县"十佳电子商务示范企业"。

2018年5月8日，姜鹏团队开启了一段漫长的"寻味故乡"之旅：从衢州龙游出发，致力于发现故乡美好的人、事、物。他一共走访了40多个小镇小村，上架商品50多个。在文创设计中，姜鹏明确故

乡美食是打上故乡文化标签的特殊商品,是乡情的载体。在设计时,姜鹏绝不用华而不实的包装,而是突出当地传统人文特色,讲究轻巧、携带方便。通过"寻味故乡小分队"和"设计故乡小分队"的实践、传播,很多朋友、游子开始对乡村创业和乡村生活有了向往。姜鹏索性发起"乡村少年"2019社会联合共创行动,召集更多志同道合的朋友一起行动——情归故里,共创家乡。

在借助传统的运营手段之外,姜鹏借助互联网,策划了"我为家乡代言""我为家乡卖特产"的乡村直播,既方便传播也方便顾客下单。据后台统计,一场"镇长为溪口黄泥笋代言"活动周,自然流量高达25万人次,转化率达到9%之高,销售额达到27万元。

创业成果

2018年12月,首个乡愁体验空间——"乡愁邮局"成立,成为阿里巴巴淘宝网的官方合作运营商,也成为龙游县政府农特产品的公共服务平台。"乡愁邮局"先后完成多次电商助农工作,发起"我为家乡代言"等活动,帮助农户销售橘柚500万斤,陆续帮助老手艺人销售手工粿印和小板凳等手工艺品10万多件。

余家富
打造乡村慢生活民宿综合体

创业名片

　　余家富，男，1983年生，浙江衢州人。毕业于中国美术学院。国家二级电子商务师。现任常山县村上酒店管理有限公司总经理、浙江省旅游民宿产业联合会理事、衢州市农创客发展联合会副会长、常山县民宿行业协会会长。曾获衢州市十佳农创客、常山十大杰出青年、常山县十大名匠、浙江省农村创业创新大赛三等奖等荣誉。

创业经历

　　余家富出生于衢州市常山县新昌乡泰安村——中国油茶之乡。2002年，余家富考上了中国美术学院，毕业后，曾在杭州和朋友联合创办了电商设计策划公司。2015年底，余家富回到家乡常山创业，帮助家乡销售"常山三宝"等当地农特产品。他先后4次通过"众筹"的方式，帮助常山农特产品打开了网络销售渠道，2015年网络销售农特产品超过200万元，有力地推动了当地农村电商发展，带动了农产品销售，促进了农民增收。

　　2016年，为了保护家乡泰安村一栋200多年的老房子不被拆除，守护一个500多年的古村，他带着妻子，毅然回到面临被整村拆迁的古村，开始改造百年老宅。从城市到乡村，他们一待就是一年。"黑孩和糖糖回到500多年古村，一边

酿酒,一边迎接客人"的故事在网络上引起了极大关注。短短3个月内,10多家媒体争相转载报道,同时也吸引了大量游客前来观光体验。

村上酒舍是一个以古法酿酒为主题的乡村民宿。整个建筑由一栋200多年的老房子改造而成。以传承古法酿酒和当地文化为理念,保留清代徽派老房子原有的结构和特色。房间分别以酿酒的粮食等原料命名:谷、麦、黍、稷、荞、莲、曲。另外,老房子的一楼还被改造成茶室、书画室、影视空间等,保留了原汁原味的农村土灶,还有开放式厨房和餐厅。

到2019年,村上酒舍民宿规模已经发展到4栋民房,建筑面积2000多平方米,总投资近800万元,共有客房15间,可容纳30—50人住宿、80—100人用餐。除了住宿、餐饮之外,还有古法酿酒和古法榨油等非遗体验、农产品展示销售、乡村图书馆等多个业态。民宿年营业额超过200万元,带动当地农户增收50万元左右。

创业成果

2018年,村上酒舍民宿被评为浙江省白金宿、浙江省十大文化主题民宿。泰安村对坞自然村保留了下来,成为浙江省传统村落,并且争取到2020年浙江省历史文化村落保护利用重点村、2020年省级美丽宜居示范村创建名

额。同时,受余家富影响,常山县出台了高端民宿扶持政策,为当地民宿的发展提供了参考、树立了标杆,推动了当地乡村民宿和乡村旅游业的发展。

舟山

王佳佳
"80后" 农创客书写传奇人生

王佳佳，女，1984年生，浙江舟山人。毕业于温州大学。舟山市第七届人大代表、舟山市第六届青联副主席、舟山市定海区第六届妇联兼职副主席。现任舟山市传奇农业发展有限公司总经理。曾获浙江省优秀农创客标兵、舟山市定海区巾帼创业女能手、"最美舟山人"——第六届十大杰出青年等荣誉。所经营的传奇庄园获得"全国巾帼现代化农业科技示范基地"等荣誉。

创业经历

2009年，大学英语专业毕业的王佳佳辞去宁波一外贸企业同声翻译既光鲜亮丽又高薪的工作，考上了大学生村干部，返回家乡白泉镇柯梅社区工作。

2010年，王佳佳与4个人合伙各出资100万元成立了舟山市传奇农业发展有限公司，共同承包林家岙200多亩山地，开始创业，建立了传奇庄园。一年后，合伙人退出，王佳佳1人坚守。

王佳佳经营思路清晰，以农业为本，打造特色果园。很快，这个曾经荒废的山头改头换面了。山上被整齐的桑葚树、白枇杷树、红心猕猴桃树、杨梅树、樱桃树、黄桃树等覆盖。

根据庄园地形陡、坡度高的特点，王佳佳想到了发展立体种植和立体养殖。根据水果成熟期先后特点，她在葡萄架下种蔬菜、在猕猴桃架子下种

植蓬蒿。

王佳佳坚持以"绿色种植、自然生长，最本地、至新鲜"为准则，施用有机肥，让果蔬在山上无污染环境里自然生长，待到农产品达到自然成熟期，再进行采摘和销售。

红心猕猴桃上市时，王佳佳要求对每颗猕猴桃进行等级分类，再分级包装、销售，严格把控产品品质。经过几年的发展，积累了一大批粉丝。王佳佳让"本地产"体现了价值，刚上市的猕猴桃卖到了 35 元一斤的价格，依然供不应求。

农旅融合是个时髦的词，王佳佳看到了商机。她围绕着青山绿水，搭建百米天桥、长城景观带、飞瀑广场，搞起了山野烧烤、动物园、游乐园等，把一个偏僻的山谷改造成名副其实的"欢乐谷"，提高了游客的旅游体验。

抓住爆点是王佳佳的法宝。她不遗余力抓住任何一个平台和时机，将传奇庄园推到大众面前。2018 年"十一"黄金周之前，另一座升级版的桥——悬空 6D 玻璃栈桥如约而至，成为浙江首个玻璃栈桥，吸引了省内外游客前来体验，当年入园游客突破 8 万人次。

创业成果

传奇农业发展有限公司吸纳了周围 109 个成员，带动农户 150 多户，作物种植面积超过 500 亩。王佳佳积极为社员推介新品种、新技术，创新管理理念，拓展销售渠道，获得了良好的社会效益和经济效益。下一步，传奇农业发展有限公司还将增加农业相关配套，围绕农业开展研学游；保护好优质森林资源，向更广阔的领域深度开发。

何 可
追求健康生活，有机蔬菜好品质

● 创业名片 ●

何可，男，1976年生，浙江舟山人。毕业于浙江省电力职工大学。现任舟山市定海区小沙怡然生态家庭农场农场主。农场产品曾获浙江农业之最蓝莓擂台赛二等奖，浙江省精品果蔬展火龙果金奖等荣誉。

● 创业经历 ●

何可本是舟山市一家央企的工程师，过着安定的生活。为了家人吃得安全健康，他从一名擅长技术的工科男"转型"成为农场主，创办了小沙怡然生态家庭农场。

有机果蔬在生长过程中完全采用自然原始的种植方法，不喷洒化学农药，这样种出来的蔬果，也许外形并不美观，色泽并不艳丽，产量并不高，但吃起来肯定很安全。

何可几乎跑遍了浙江省周边各大生态农产品生产基地，坚持"尽可能考虑抗病、抗虫性能"的原则，精选有机品种。

为了找到适合的投入品，全国各地的农业展会都留下了何可的足迹。参加中国植保双交会，寻找

适用于农场的肥料、天然药物等有机投入品;从青海采购经过有机认证的天然钾肥,虽然成本是普通钾肥的 4 倍,但这保证了有机蔬菜的好品质。

何可将农场的客户群体定位为追求健康生活、对农产品质量要求高、收入较高的群体,其中也包括了注重孩子健康与营养的家庭。同时,为了突出优势,何可选择区别于传统农产品的营销模式:不在市场上售卖,而是专门做宅配,针对目标人群做线上、线下销售。除此外,农场也向超市、高端酒店、饭店提供蔬菜配送服务。

▼ 农场果蔬 ▶

相较于市场上不知原产地的有机蔬菜,何可有自己的实体农场,这也成为产品的另一个竞争优势。消费者可以到农场实地探访,现场采摘,进而成为农场的忠实粉丝。

2016 年,农场投资 50 余万元建成物联网系统,实现对农场设施的自动化和远程智能控制,农场营销 100% 通过线上实现。

创业成果

小沙怡然生态农场在何可的经营下获得很多荣誉:浙江省现代农业科技示范基地,浙江省农村科技示范户,浙江省农作物新品种示范户,舟山市青创农场,舟农星创天地科技创新示范基地,舟山市示范性家庭农场,舟山市定海区示范性家庭农场,2015—2016 年度舟山市定海区优秀农业科技示范户。农产品获 2017 年舟山市首届西甜瓜展示推介会甜瓜类优质奖,2018 浙江农业之最蓝莓擂台赛二等奖,2018 浙江省精品果蔬展火龙果金奖,2018、2019 年舟山市定海区夏季水果展金奖等。

余 叶
用毅力书写养鸽新篇章

创业名片

　　余叶,女,1984 年生,浙江舟山人。毕业于中国地质大学。现任普陀展茅伟叶家庭农场场主、舟山市源农电子商务有限公司总经理。曾获浙江省农村青年致富带头人、"五大会战"巾帼虹年度人物(提名)奖、浙江省妇联创业创新比赛优胜奖等荣誉。

创业经历

　　在一次朋友聚会上,余叶听朋友说她从怀孕初期就食用鸽子蛋补充营养,出生后的宝宝身体健康强壮。

　　说者无意,听者有心。2013 年,余叶和丈夫张伟做了一个大胆的决定——养鸽子,遂在普陀展茅街道创办了以夫妻俩名字命名的伟叶家庭农场。

　　家庭农场经营之初,由于鸽子养殖经验不足,他们以为原生态、散养化能更加有益鸽子的成长,谁知放养的鸽子出现扰民、偷吃庄稼的情况,还把病原体带回鸽舍,愁得他们到处找专家。此外,2013年的禽流感,以及引进的种鸽过了生产周期等原因,那一年,农场遭到了巨

额亏损。

还没从失败中缓过神来，余叶夫妇又经历了台风等灾害，"鸽"飞蛋打，将余叶夫妇创业的激情打入深渊。困境中的余叶和张伟并没有气馁，他们明白只有专业技术的支撑才能让农场活过来，于是又开始四处寻求专家指导。普陀农林部门提议政府出资一半，余叶出资一半，在余叶家的养殖场建立鸽种防疫实验室，由张伟负责研究，对鸽粪进行化验，控制疫情的蔓延。

由于鸽子的下蛋周期比较长，单养鸽子的模式无疑会带来流动资金供应不上的问题。余叶夫妇决定在养鸽子的过程中养鸡，喂养鸽子过程中掉落的五谷杂粮可以让鸡自己啄食，不仅鸡吃得好了，而且也不浪费粮食。

2013 年，刚开始接触农产品销售的余叶以微信作为主阵地，发布实时的产品信息和农场动态。她不仅在朋友圈发布产品信息，还经常拍摄一些田园生活、农村生活的照片与小视频发布在朋友圈里。通过长期积累，取得了消费者更有效的信任。

余叶在手机上对每个购买过产品的客户信息都进行了备注，她还会习惯性地储存每个客户的手机号码，这样客户打来电话时，她能第一时间叫出对方的名字。如今，她的生意越做越火，越做越大。

创业成果

2016 年 8 月，余叶联合展茅各大农场，注册成立了舟山源农电子商务有限公司，专注展茅农产品电商渠道建设，深度挖掘展茅农产品电商产品，不仅帮农户卖产品，还会跟农户沟通如何种植出好的农产品。

2016 年底，伟叶家庭农场与有关部门合作，成立了舟山市第一家网创服务驿站，开始了线上抱团网销，开启了全新的互联网营销模式，带动了周边农产品的销售。

李家珺
打造海岛人文风情旅游新模式

创业名片

　　李家珺，男，1980年生，上海人。毕业于上海电机技术高等专科学校。现任嵊泗县海角一号旅游基地有限公司负责人。喜欢旅游，热爱自然，向往面朝大海的美好生活。将上海的时尚与潮流和舟山蓝色海域的自然风貌及人文相结合融创出蓝海牧岛的独特风情。

创业经历

　　李家珺喜欢旅游，热爱自然，一直对大海充满了崇敬与热爱之情。2003年，他开始了艰辛又曲折的创业之路。

　　2003—2007年，创业过程中，他成立过软件公司，主营财务及管理软件的销售及售后服务，收入尚可，略有盈余。2008—2011年，由于年轻冒进，李家珺投资一个进口保健品项目，结果遭遇了巨额亏损，以失败告终。此后，他又在医疗器械等公司工作。但是，李家珺心中一直对大海充满向往。

　　2014年，嵊泗枸杞岛这片蓝海让他按捺不住内心的激动与兴奋，又重新踏上创业的征程。2015年，枸杞岛海角一号云·咖啡开张营业，在接下来的两年里先后获得嵊泗县创业大赛二等奖、舟山市旅游示范点称号。

　　李家珺紧跟旅游潮流变化，以顾客需求为导向，筹建了"海角

二号岛居度假小别墅",并于 2019 年开始运营,不断探索海岛旅居新模式。进入 2020 年,在新的模式驱动下,李家珺又进一步投资建设嵊山镇东崖绝壁景区"等风来轻奢民宿"综合体二期项目"等你来轻奢民宿",并与岛上居民合股改建老渔家民宿"景耀阁渔家民宿",全面升级转型老渔家民宿,打造符合岛居度假模式的新型民宿,帮助岛上居民进行产业升级。

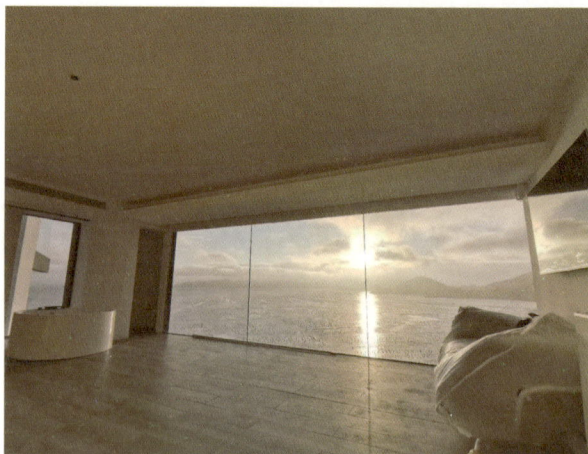

创业成果

经过这几年在海岛的探索与积累,李家珺摸索出了基于东部海岛人文风情特点的旅游生态投资开发经营模式。2019 年,旅游季接待精品游 1200 人次,营业收入 180 万元,2019 年海角一号民宿板块业务及咖啡餐饮业态板块业务共实现营业收入 260 万元,提供岛上居民各种岗位 16 个。未来,李家珺将继续扎根在这片美丽的海域,将总结的经验进行规范并进行技术输出,带动岛上普通民宿进行品质升级和服务提升,将城市生活的时尚与潮流和这片蓝色海域的自然风貌及人文相结合,融创出独特的海岛风情。

台州

张文娟
承父业匠心制茶，以茶兴农

张文娟，女，1982 年生，浙江临海人。毕业于上海对外贸易学院。高级茶艺师、高级评茶员。浙江省第十三届人大代表、临海市十四届政协委员。现任临海市白岩山茶叶专业合作社理事长。

张文娟出生于国家历史文化名村临海市东塍镇岭根村。她是一名"茶二代"，大学毕业后返乡跟随父亲的脚步开始做茶，从最基础做起，采茶、收茶、炒茶、财务、仓管、接待，几乎所有的工作她都做过。

张文娟认为做茶要做的就是将文化和经济有机结合，更好地发扬茶文化。除了外出参加各级制茶培训班提升专业技能外，她还购买了《茶经》等图书，利用一切碎片时间认真学习研究茶知识。

岭根村地处临海市区以东，三面环山，是著名的长寿村，2017 年被评为 3A 级景区。岭根村的茶园平均海拔450 米，水汽充足，气候条件优越，适宜茶树生长。张文娟开展"优化施肥模式""减药技术模式"等多项措施，严格掌

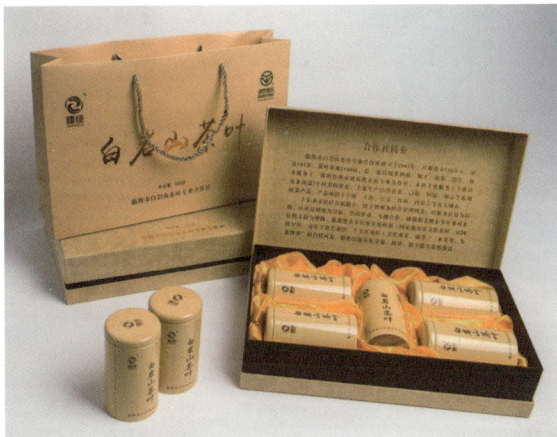

控茶园的物料投入。在茶园施肥上，把菜籽饼、茶叶专用有机肥等作为茶园用肥的首选品种，优化了土壤，提高了茶叶品质。

张文娟更注重茶叶的制作工艺，十分关注炒茶细节，虚心向资深制茶师傅请教制茶技艺，一边动手一边记录各项数据，把炒制、揉捻时间都做了编号进行登记保存。每一道茶制好出锅，她总是要第一个试喝，反反复复地泡茶、品茶，将每个时段的茶色、茶味做对比：观条索、闻香气、品味道。

对茶叶有了深入了解之后，张文娟开始在茶叶的种植、加工、生产上革新，并且在新产品名优茶的开发上有了突破。更高的制茶工艺要求，让她的绿茶品质更上一层楼，迅速打开中高端市场。

为了把茶叶做得更好，张文娟花了一年多时间到杭州进修，考取了"高级茶艺师"和"高级评茶员"两个职业资格证书。有了经验积累，再通过不断摸索，张文娟开发了"臻绿""碧谷""世芳斋"等高山绿茶系列产品。

创业成果

通过不懈努力，"碧谷"白岩香茗荣获第九届"中茶杯"全国名优茶评比一等奖、第三届"国饮杯"全国茶叶评比特等奖、台州市优质名优茶评选绿茶组金奖。"碧谷 BIGU"商标被评为台州市著名商标。为了振兴茶叶产业，张文娟发展社员 105 户，建有茶叶种植基地 1000 多亩，带动周边农户 500 多户，辐射面积 3000 多亩。与茶结缘，张文娟带领茶农发家致富、共圆小康梦，而她也朝着"以茶兴农"的绿色梦想迈出了坚实的一步。

章彬斌
组建合作社，打造绿色循环农业

　　章彬斌，男，1983 年生，浙江台州人。毕业于浙江农林大学。台州市第五届人大代表、台州市第四届团代会代表、台州市第三届青年农业促进会会员、台州市黄岩区青年创业联合会常务副理事长，浙江省农村青年致富带头人协会理事。现任台州市黄岩临湖农业机械化专业合作社理事长。曾获台州市黄岩区十大农业标兵、台州市水稻百亩示范方高产二等奖等荣誉。

创业经历

　　2009 年，当章彬斌看到中央 1 号文件关于《促进农业稳定发展农民持续增收的若干意见》时，众多惠农政策让他再也按捺不住心中的创业激情，便放弃了手头的工作，回家种粮。章彬斌的父亲曾是村里的党支部书记，当时种植了 10 来亩水稻，主要以人工操作为主。章彬斌一回来就寻思着要发展机械化生产，搞规模经营。他联合 5 家农户投资 30 万元，成立临湖机械化合作社，第一年就把种植规模扩大到 160 亩。他经常到农业部门找技术人员求教，还专门跑到其他合作社学习。第二年，章彬斌将早稻播种面积扩大到 300 亩，在政府财政补贴的支持下筹钱采购了机械设备，收获早稻 15 万斤。

　　在各级政府的大力扶持下，目前种粮大户的早稻补贴每亩有 500 多元，章彬斌也从田野里迎来了丰收的喜悦，好的年景一

年有上百万元的收入。但他并没有把收入拿来买车买房，依然住在 20 世纪 90 年代初建造的普通农房里，他把全部资金投到了设备采购和扩大种植规模上。

他的机械化合作社除了为社员服务外，还服务周边农民，已为附近村庄的乡亲提供育秧服务 300 亩、病虫统防统治 1000 多亩、机插秧 2000 多亩，机收面积 5000 亩。

创业成果

合作社社员数量已经扩大到 98 个，资产达 800 多万元。合作社现在有 9 套育秧流水线机组、7 台插秧机、5 台收割机、9 台烘干机、2 架植保无人机、5 辆大型拖拉机，80 台植保喷雾器。在章彬斌的带领下，合作社正朝着绿色循环农业发展，水稻基地全部利用性诱剂、种植花卉和香根草进行病虫害防治，稻虾共育也已经取得成果。下阶段，章彬斌将发展畜牧业，实现种植养殖农业循环发展，为传统种植业的供给侧结构性改革和产业转型升级探索一条创新之路，助力乡村振兴。

蔡锡华
红糖烤糖，升级中国传统制糖技艺

蔡锡华，男，1978年生，浙江台州人，毕业于台州行政学院。现任黄岩双楠红糖合作社理事长、台州市黄岩区农产品供销协会秘书长、台州市黄岩区头陀镇农业联合会秘书长。

台州市黄岩区头陀镇——黄岩红糖的发祥之地，在需要上缴农业税收的年代里，头陀就是糖区之一。从学校毕业后，蔡锡华步入社会从事文化传媒行业。几年工作下来，他明白了产品的品质才是品牌的根，没有好的品质，品牌是不会长久的。因此，他决定回乡帮乡亲们打品牌卖红糖。

2013年，台州市黄岩双楠红糖合作社成立。蔡锡华在与经验丰富的制糖师傅多次探讨后，开始尝试将现代科技与传统工艺相结合：增加原有糖灶中锅的数量；更改铁锅的安装方式；对生产环境进行整体提升；多次带领制糖师傅外出参观学习，以改变他们头脑中固有的食品生产模式。在蔡锡华的带领下，合作社不仅改善了制糖环境，更改变了糖农固有的制糖思维。2017年，合作社获得省内首张古法红糖SC生产许可证。合作社生

产的古法红糖于2017—2019年连续三年获得省农博会金奖。2013—2019年,仅7年时间,周边糖农在合作社的带动之下,红糖销售不愁了,每年农户的甘蔗种植面积都在增加,合作社附近更是形成了一个小型的红糖销售点。

如何把黄岩红糖的产品线拉长?如何摆脱黄岩红糖只在江浙一带消费的现状?经过两年来对市场的不断摸索,蔡锡华针对黄岩红糖产品单一、消费群体地域限制明显的特点,推出了一款经过改良的台州传统小吃——红糖烤糖。产品一经推出,因其糖香浓郁、入口即化的特点,风行江浙沪。2017年,黄岩红糖烤糖获得首届浙江省十大农家特色小吃称号。2018年,黄岩红糖烤糖正式进入电商领域,月销5000余盒,带动台州新增烤糖制作作坊数十家。

好山好水,更要好的甘蔗才能熬出品质优良的红糖。蔡锡华从源头开始,在甘蔗种植过程中采取增施有机肥料,用茶枯来杀死地下害虫,利用自制红糖酵素来改良土壤等一系列举措,使得合作社出品的红糖口感鲜甜、色泽黄亮。目前,蔡锡华种植甘蔗的区域已成为乡村旅游打卡点,年接待中小学农耕文化研学游近千人次,让小朋友从小接触中国传统制作技艺。

创业成果

经过几年的努力,合作社出品的白湖塘黄岩红糖和白湖塘红糖烤糖已成为黄岩红糖和红糖烤糖的重要品牌,带动糖农30多户,新增生产作坊10余家。合作社已成功申请黄岩区非物质文化遗产传承基地,为解决制糖废弃物甘蔗渣的出路问题,蔡锡华成功研制出以甘蔗渣为原料,具有甘蔗清香的高度蒸馏白酒,不仅变废为宝,还延长了产业链。

牟森林
"瓜三代"的现代农业梦

创业名片

牟森林，男，1986年生，浙江黄岩人。毕业于中央广播电视大学。台州市黄岩区农产品购销协会会长、台州市黄岩区农村创业青年联谊会秘书长、台州市黄岩区农资协会常务副会长。现任黄岩巨丰网络科技有限公司董事长、黄岩巨丰种子经营部总经理。曾获黄岩区劳动模范、黄岩区十大杰出青年等荣誉。

创业经历

牟森林出生于台州市黄岩区茅畲乡，黄岩外出农业的发源地，有着十多年种植西瓜的经历。2017年，牟森林成立黄岩巨丰网络科技有限公司，致力于帮农宝App运营、维护，旨在更好地服务农业工作者。

为了让种子种类更多、质量更优，牟森林积极与国家瓜类研究中心以及各大科研院所、企业合作，生产出售大量适合各地种植的品种。此外，牟森林还引进日本、韩国、美国等国的优良品种，与国内新品种西甜瓜一起在久曦家庭农场做筛选试验，指导农户根据各自不同的地域特征选择适宜的品种进行种植。

2018年，黄岩巨丰网络科技有限公司在台州学院、中国移动公司黄岩分

185

公司、中国人寿保险公司黄岩分公司、黄岩农商银行的大力支持下，共同开发了一款针对农业的服务社交App——帮农宝。帮农宝App以"互联网"为立足点，努力建造农业行业的移动互联网平台，改变农业产品信息不对称局面，汇聚、整合现代农业资源，为广大农民用户和果商用户提供信息共享、交流的平台，更加便捷地为瓜农提供技术培训、病虫防治、田间管理、农资采购、产品销售、融资对接、土地流转、政策传达、法律纠纷指引等内容，助力外出农业健康持续发展。

创业成果

2007年至今，黄岩巨丰种子经营部累计销售西甜瓜种子40余吨，2019年服务的西甜瓜面积约15万亩，年销售额3000多万元。

在2019年黄岩区西甜瓜新品种展示会上，"丽都"西瓜以适宜的糖度和酥爽细腻的口感成为最佳西瓜新品种，并成为2019年第十一届中国·浙江瓜菜种业博览会推荐品种。

戴可杰
青年诗人，传承祖制制膏技艺

创业名片

　　戴可杰，男，1983年生，浙江临海人，毕业于湖南工业大学。浙江省作家协会会员、临海市诗歌创作委员会主任。现任台州戴韦农业科技有限公司总经理，是非物质文化传承人、台州工匠，浙江省第三批新荷计划青年作家人才库人才、台州市首批青春工匠人才库优秀青年人才。曾获浙江省优秀农创客标兵、台州市五一劳动奖章、临海市首届青年创业大赛一等奖等多项荣誉。

创业经历

　　江南老戴家祖上为南宋侍御史兼太常寺卿戴皋，后告老还乡，隐居江南，过着晴耕雨读的生活。临行时获太医局好友赠予的宫廷御用养生膏的制膏秘方。自皋公归隐开始，世代传袭，采果制膏。800多年历史，30代人传承。2014年，戴可杰放弃高薪，返回家乡涌泉镇传承祖上流传下来的制膏手艺。

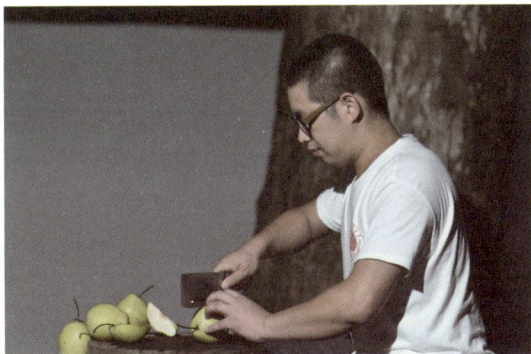

　　临海市涌泉镇地处浙东沿海，三面环山，南濒灵江，形成了背山、面江、腹平原的独特地理风貌，是台州市的"后花园"。镇区范围内种植的水果有蜜橘、桑葚、枇杷、杨梅、翠冠梨和葡萄等，在品相和口感上较全国同类产品均略胜一筹。

　　2016年，戴可杰创办台州戴韦农业科技有限公司，并注册品牌"江南老戴家"，通过祖传古法纯手工熬制具有养生保健功效的桑葚膏，致力于传统工艺的传承与"养生文化""孝文化""古法农文化"的推广。

戴可杰坚守工匠精神,将古法加工和现代工艺融为一体,进行标准化生产。他采用单一的优质水果为主料,取汁后配以少量冰糖或红糖熬制,历经二十多道工序完成。单单古法熬制这个环节至少需要十几个小时。武火煮汁,文火熬膏,余温收膏,熟练掌握火候后,可根据每天的温度和湿度对火候进行细微调整。为了使果汁受热均匀,锁定膏体独特的果香味,熬制时需要靠腕力和臂力顺时针方向以平均每分钟三十次的速度均匀有序地搅拌,这样才能遵循膏方"本味大成"的自然天性,成就"江南老戴家"非遗养生膏方独一无二、透亮醇香的品质。

几年来,戴可杰在桑葚膏的基础上不断创新研发,熬制了具有养生保健功效的梨膏、姜膏、蜜橘膏、枇杷膏、杨梅膏、胡柚膏、西瓜膏、火龙果膏、冬瓜膏、绿茶膏、铁皮石斛膏等,并通过淘宝、盒马鲜生、养生膏方生活馆等渠道进行线上线下互动营销,让更多人了解和体验"江南老戴家"手工膏方的独特味道。

创业成果

经过多年传承创新,每年两到三款新品的开发能力,使得"江南老戴家"养生膏方实现了从家族自制、自吃,到将传统古法加工和现代生产工艺融为一体的标准化生产,再到优秀旅游商品的转变。"江南老戴家"养生膏方以深加工的方式,突破了目前鲜果销售的诸多局限,实现农产品的差异化消费,使农产品从生产到消费的环节更加丰富。

通过长期不懈的品牌形象塑造和历史、文化、工匠精神等内外部因素的整合,戴可杰打造了牢固的制膏"品牌壁垒",实现线上线下互动式的立体体验营销,让大众更深入地参与到传统养生膏方古法加工的文创、体验、旅游等领域,实现非遗膏方工艺的传承和可持续发展。

胡海英
三代传承，一颗杨梅越种越甜

创业名片

　　胡海英，女，1981年生，浙江临海人。毕业于浙江大学城市学院。现任临海市林老汉水果专业合作社理事长、临海市农创客发展联合会副会长。

创业经历

　　胡海英出生于浙江省临海市白水洋镇，从小就跟随父母在田间地头劳作，感受了大多数中国农民的艰辛。

　　毕业后，胡海英从杭州回到临海市从事金融工作。父亲经营杨梅林后，遇到了杨梅销售问题。胡海英开始尝试帮助家里销售杨梅。虽然初次尝试，却也取得了小小的成绩。因此，她决心回到家乡做农业，帮助父母卖杨梅。不出所料，她的想法遭到了家里所有人的反对，因为他们知道农民的艰辛，放弃银行的工作着实可惜。没过多久，胡海英还是瞒着家人辞去工作，决定全心全意做杨梅事业。

　　创业初期，她将自己的积蓄，以及从亲戚朋友那里借的钱都投入爷爷留

下的杨梅林,进行土壤改良,还建了厂房、仓库,准备大干一场。

虽然一开始种植杨梅就顺风顺水,杨梅也卖得挺好,但总体产值不高,也没有任何附加值。第二年,胡海英仍旧沿用老的种植方式,虽然杨梅树上的东魁杨梅越长越多,但果子变小了,甜度变低了,又小又酸,连小贩也不愿意收购,导致大量杨梅滞销,这一年亏损非常大,连工人的工资都几乎无法发放。

正当胡海英全家陷入一筹莫展之际,胡海英的姑父提出帮她解决资金问题,同时又拿出部分资金作为合伙人进行投资。于是胡海英又承包了300多亩邻村的杨梅林,扩大生产规模。出于对姑父的感激,胡海英注册了"林老汉"商标,成立了临海市林老汉水果专业合作社,满怀信心地做起了农业。

几年下来,合作社形成了完整的标准化种植模式。通过数字化管理,每年及时剔除小果和劣果,保留一定数量的大果,种植的东魁杨梅果大、肉甜,非常好吃。销售模式也从原先批发给小贩,到现在自己进行零售,还带动当地农户一起销售,实现了"合作社 + 农户"的经营模式。

创业成果

通过不懈努力,合作社的种植技术不断提升,并在杨梅贮运保鲜与包装上下足功夫。2019年,胡海英与盒马鲜生合作,线上线下结合销售,不仅打开了上海、广东、武汉等地市场,还积累了许多稳定客户。此外,她还利用淘宝与社交电商等进行销售,实现了产值翻番。

葛浩亮
以农为本，探索高效种植模式

创业名片

葛浩亮，男，1977年生，浙江天台人。毕业于浙江大学。现任浙江本心农业科技发展股份有限公司董事长。公司作为浙商回归项目，落户天台。

创业经历

葛浩亮是天台福溪街道水南村人。毕业后，一次偶然的机会，他得知山东东营有块4300亩的土地对外出租，葛浩亮以每亩90元的价格将其承包下来，开始自主创业。

创业的道路是坎坷的。创业前期，因专业与技术上的不足，不仅辛苦，两年里葛浩亮还赔了170多万元。

郁闷之余，葛浩亮找到拥有多年农业管理经验的职业经理人，得知利用温室大棚种植"娇贵"的蔬菜，更适合农业企业探索。没想到，首次尝试就尝到了甜头，第二年蔬菜长势喜人，企业扭亏为盈。

在第一步探索成功后，葛浩亮开始在农业管理方式上做文章。为了充分发挥种植户的积极性，

基地尝试与当地农户进行合作——基地出技术、生产资料和水电成本，农户负责种植管理，等作物成熟后，基地再对作物进行收购。同时，为了让蔬菜种植方式更加精细，他和团队成员多次出国考察，得到了以色列著名农业企业海泽拉、瑞典企业先正达的支持。

2015年，浙江本心农业科技发展股份有限公司正式进驻天台。经过不断努力和探索，天台近北纬30度垂挂种植测试取得成功。葛浩亮遵循一花一果原则，黄瓜采摘期达6个月，丝瓜采摘期达12个月，茄子采摘期达17个月，并且其中3个品种已通过绿色认证，公司基地也已通过"丽水山耕"认证，并在2019年6月经台州市农产品营销行业协会评定，准许将"台九鲜"品牌名称及图形用于黄瓜、番茄、丝瓜。

创业成果

经过多年发展，公司基地与项目先后获得浙江省现代农业科技示范基地、天台县优秀招商项目、天台县西部现代生态循环农业示范项目、"五园创建"省级示范基地、台州市民办企业技术推广平台、浙江省农业科技企业等荣誉。企业与温州大学合作成立了"创新助力工程服务站"和"合作示范基地"，葛浩亮还被台州科技职业学院聘请为客座教授。

潘君武
打造"线上+线下"结合的柑橘博览园

　　潘君武,男,1995年生,浙江仙居人。毕业于浙江水利水电学院。现任仙居县洲港湾农业开发有限公司负责人、仙居沿溪电子商务有限公司创始人。在"创新圆梦想 创业赢仙居"创业大赛中获奖。

　　1995年,潘君武出生于台州市仙居县,作为一名乡里娃,他从小就深知农业种植的不容易,农产品滞销的危害。毕业后,潘君武到北京从事销售工作,积累了一定经验后,回到家乡,致力于水果种植和推广工作。2018年,潘君武开始打理仙居县洲港湾农业开发有限公司。通过自己的销售经验,在淘宝、抖音、微信公众号等平台上推广、销售水果。2019年,潘君武创立仙居沿溪电子商务有限公司,带着他的团队正式开始了大学生返乡创业的道路。

　　2004年,潘君武一家陆续卖掉4套房,承包了300亩低产园、荒山,在仙居投资柑橘种植基地,逐步完成了土地开发、道路修建、排水灌溉、新品种"红美人"等的繁育。

　　"红美人"种植有一定的技术门槛,尤其对气温等自然条件要求较高,怕雨、怕霜、怕冻,并且"红美人"个大汁多,单果重可达一斤,成熟时往往要绑绳拉枝,防止树枝被果实压断。由于挂果量大,肥水充足,果树容

易早衰,且因为果实甜度高、水分多,储存期短,所以多数采用消费者实地采摘、特制礼品盒包装等方式进行销售。潘君武一面研究技术,一面拓展市场,经过多年的艰苦创业,目前,基地已经培育引进了"红美人""甘平""阿思密""春香柚""绿美人""晴姬""黄金柑""媛露""春见""沃柑"等20余个优良品种,能充分满足越来越追求精品的果品市场需求。

创业成果

经过多年发展,仙居县洲港湾农业开发有限公司已经逐步完成了橘园建设、线上推广销售。橘园年产值超千万元,带动贫困户就业20余人。通过抖音短视频、直播吸引粉丝,公众号沉淀用户,经由淘宝销售等,2019年线上销售额突破500万元。公司建设精品大棚50余亩,绿色认证果园700亩,帮助种植户提高经济效益20%以上。

未来,潘君武和他的团队将重点打造"线上 + 线下"柑橘博览园,推动水果产业多样化发展,垂直打通果园水果从绿色种植到市场销售的完整产业服务链,助力乡村发展,助力青年大学生返乡创业。

梁帅龙
线上线下同步走，解决社员销售难

创业名片

梁帅龙，男，1990年生，浙江绍兴人。毕业于绍兴文理学院元培学院。现任三门县玉龙茶叶专业合作社理事长。曾荣获三门县首届"十佳青年网商"、台州市农技标兵等荣誉。

创业经历

大学毕业后，来自绍兴新昌的梁帅龙选择投身农业创业，子承父业，到三门做起了茶叶生意。

在浙江大学茶叶研究所专家的帮助下，梁帅龙选育成功"香山早1号"茶树良种。由于该品种茶树春茶上市早、茶叶品质优，得到了广大茶农和茶叶科技工作者的好评。在浙江大学茶叶研究所教授及县林特部门的帮助下，合作社从乌龙茶主产区福建省引进了铁观音、金观音、黄金桂等7个乌龙茶良种苗木，并种植在三门县珠岙、亭旁和花桥等地，共260余亩。同时，公司选用当地常年弃采弃养茶树的夏秋茶鲜叶为原料，开发成乌龙茶，在早春季进行试生产并获成功，提高现有茶园的生产力，增加农民收入。合作社还加大技术研发投入，和浙江大学及中国农业科学院茶叶研究所深入合作，开发出香山早名优绿茶、乌龙茶

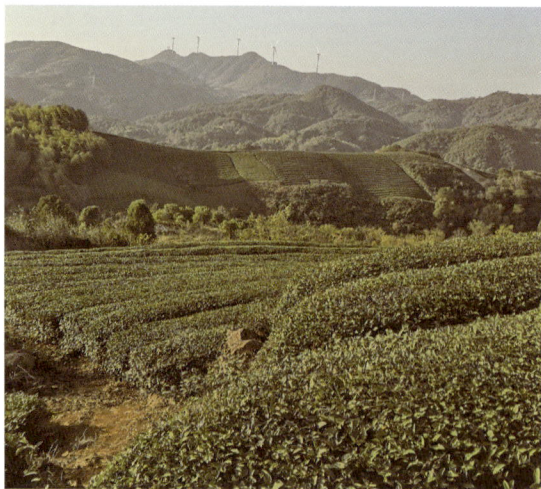

新技术。发挥香山早"早"的优势，早春以一芽一叶至二叶原料试制扁形茶，香味好、上市早、卖价高，经济效益明显。另外，在浙江大学教授的指导下，合作社将香山早夏秋季鲜叶研制成半发酵的乌龙茶，避开了炒制成名优绿茶苦涩味较重的弊端，使香山早茶叶原料的利用率发挥到极致。

在梁帅龙的带领下，合作社开始在淘宝、京东等线上平台寻求合作伙伴，找到了"线上分销＋线下零售"这一模式。线上批发为合作社的销售开辟了新的天地，加上有机绿茶品质过硬，吸引了很多批发商和分销商，大大提高了合作社的销售额。

创业成果

经过 5 年的努力，三门县玉龙茶叶专业合作社带动农户 720 户，辐射种植面积达 2000 多亩，年销售茶叶 5 吨，销售额 600 余万元。几年来，香山早茶叶多次参与省以上农业（茶叶）博览会等名优茶评比，连续获得好评。合作社2014 年被评为"国家级

示范性合作社"。近年来，"百瀑谷牌"香山早茶叶荣获浙江绿茶博览会金奖、浙江绿茶（西宁）博览会金奖、第十届中国义乌国际森林博览会金奖、浙江绿茶（银川）博览会金奖等荣誉，明显提高了三门县茶叶的影响力和知名度。

丽水

陈诗洁
基于农文旅模式下的生态茶叶全产业链

创业名片

陈诗洁，女，1989年生，浙江缙云人。毕业于宁波财经学院。高级茶艺师、高级工程师、高级评茶员、农艺师。浙江省农创客发展联合会理事、丽水市缙云县青联常委，丽水市青联委员，丽水市茶叶协会副秘书长、常务副会长。现任丽水朱子阁文化旅游开发有限公司法定代表人。曾获农业部（农业农村部）"绿领奖"、浙江省优秀农创客标兵等荣誉。

创业经历

1989年，陈诗洁出生于养生福地长寿之乡——缙云县，该县是践行"绿水青山就是金山银山"理念的先行区。陈诗洁以"朱子阁高山野茶""朱子阁缙云黄茶"品牌产品为载体，以"茶叶＋农业＋文化＋旅游＋互联网"为路径，集种植、加工、设计、销售、研学、文创等于一体，不断拓展茶生活方式产业链，将绿色有机的健康产品销往全国。

陈诗洁将农文旅的融合作为品牌与特色场景打造的关键，将融合点落在了千年古村——河阳。

在创业过程中，陈诗洁成立了缙云县朱子阁家庭农场、缙云县农孵专业合作社、丽水朱子阁文化旅游开发有限公司。2018年，陈诗洁还成立了河阳四合院电商创业园，这是一个新型创业平台，现有特色经

营商户 33 户,从业人员多为回乡创业的大学生与返乡创业者,主要经营茶叶、土面、汉服、旗袍、传统书画、写生、剪纸、木雕、玉雕、陶瓷、特色麻糍、缙云烧饼等。线上线下的推介、销售模式,增加了本地农副产品及河阳古民居的知名度,也带动了更多农户从事当地土特产的生产与销售。

创业成果

丽水朱子阁文化旅游开发有限公司拥有纯天然、原生态的高山野生茶园 255 亩,注册了"子阁"商标,通过了绿色食品认证并加入"丽水山耕"溯源体系,研发销售的茶产品已达 60 余款。年产值 300 余万元。

公司坚持农旅结合、农旅融合、农旅一体,目前已举办书法体验活动 12 场、茶艺表演活动 38 场、非遗剪纸培训 20 场、手工编织培训 5 场,丰富了村民的精神文化生活,推动了非遗文化的传承与创新。

依托丽水朱子阁文化旅游开发有限公司,河阳朱子阁益农信息社成立。村民可以通过信息社了解政府公开信息、买卖信息、招聘信息,还可以发布信息、查询农业技术知识等。同时,丽水朱子阁文化旅游开发有限公司将村民的农副产品进行包装、设计、销售,让农村电商成为促农增收的"加速器"。

麻功佐
创新"电商＋合作社＋土蜂蜜"模式

创业名片

　　麻功佐，男，1989年生，浙江丽水人。毕业于浙江工业大学。现任丽水横樟蜂业发展有限公司总经理、丽水市乡村振兴新青年协会副会长。曾获得全国农村青年致富带头人，浙江省农村青年致富带头人标兵、青年养蜂能手、丽水市"我的青春榜样"等荣誉。

创业经历

　　麻功佐于2014年返乡创业，牵头成立了松阳县金铭中华蜂养殖专业合作社，注册了以古村落名命名的"横樟土蜂蜜"商标，并于2018年成立了丽水横樟蜂业发展有限公司，任总经理。

　　丽水横樟蜂业发展有限公司专注于中华蜂养殖技术研究，开展中华蜂养殖和养蜂技术培训，以及蜂产品销售。现常年合作的蜂农有130余名，个人现有中华蜂700箱，合作社现有中华蜂3200余箱。

　　2017年，麻功佐自主培育了高产的新蜂种，根据本土中华蜂的生活习性，自主研究设计了适合

转地的蜂箱,利用中草药配方研究出了蜜蜂防治巢虫的技术,并向蜂农们推广。蜂蜜产量在原有的基础上提高了一倍。2018年还登上了CCTV-2的《经济半小时》栏目。

近年来,麻功佐灵活运用"互联网+"思维,着力打造土蜂蜜电商产销体系,为土蜂蜜插上了互联网的翅膀。他敏锐抓住短视频与直播业态风口,年销售土蜂蜜10万斤。同时积极开拓O2O营销模式,大力发展农旅电商项目,引导顾客来松阳实地"体验+销售",逐渐形成松阳特色的"蜂蜜+旅游"产业,打造了"蜜家乐"品牌。利用横樟蜂蜜的品牌影响力和强大的推广团队,麻功佐还积极帮助当地的农家乐、红薯干等产业进行宣传推介,有效带动当地经济发展水平整体提升。

创业成果

2016年至今,麻功佐与当地各县市及乡镇积极配合开展产业扶贫合作,发展低收入老百姓参与蜜蜂养殖,累计发放蜂箱800箱,组织蜜蜂养殖技术培训40余次,签订线上统销统购协议10余份,直接或间接带动400余名农村低收入人员就业创业,带动当地蜂农增收430余万元。

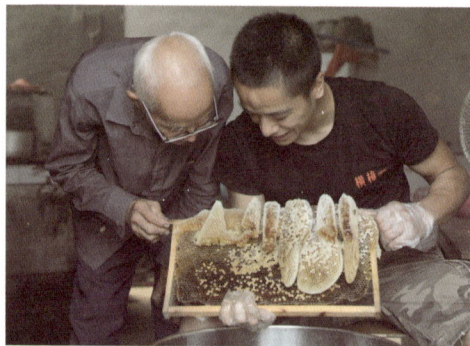

麻功佐创立的"电商+合作社+土蜂蜜"创业模式获得第四届浙江省创业创新大赛三等奖、丽水市农村电商创新网销案例评选大赛银奖、丽水市农村青年电商扶贫优秀案例评选大赛三等奖、松阳县首届青年创业项目大赛一等奖。创业事迹先后被中央电视台农业农村频道、科教频道、财经频道,以及《人民日报》、新华网等报道。

罗潭蛟
赤焰石榴，农业爆品操盘专家

罗潭蛟，男，1988 年生，浙江丽水人。毕业于宁波大学科学技术学院。现任宁波木吉供应链管理有限公司创始人，丽水市青年联合会第六届委员会委员，浙江省丽水市遂昌县第九届政协委员。曾在 2018 年第五届 A20 新农展上被评为最受欢迎新农人，获第四届中国"互联网 +"大学生创新创业大赛青年红色筑梦之旅赛道金奖。

罗潭蛟的家乡在丽水遂昌县，其父罗锡文从事蜜橘种植。2013 年，罗潭蛟毕业后进入一家食品公司做电商运营。他将在学校所学的知识与实践充分结合，打造"龙珠岗蜜橘"品牌，运用互联网帮助父亲销售自家蜜橘，并取得了成功。

2017 年，一次偶然的机会，罗潭蛟结识了"赤焰"石榴的创始人吴智。前者有丰富的互联网运营经验，后者能种出品质优良的突尼斯软籽石榴，两人一拍即合，决定大干一场。他积极调动身边的资源，与圈中农友资源互推，并且与百果园、鲜丰、浙果一号、盒马鲜生、叮咚买菜等线下水果连锁店和线上新零售渠道建立合作，将自己的链接能量发挥得淋漓尽致，成为一个"水果外交

官"。在此过程中，罗潭蛟创立了宁波木吉供应链管理有限公司。

他运用大数据优选单品，同时与头部基地合作，改良品种。为了满足不同市场的稳定供应，产品必须要做到相对标准化。他们根据重量、果面、糖度等指标制定了严格的可量化产品标准。在销售渠道上，实行全渠道市场布局，线上渠道有本来生活、云集等，线下有百果园、鲜丰、雨露空间等，新零售以盒马鲜生和叮咚买菜为代表渠道。

除此之外，他还充分利用媒体增加曝光率，如央视《致富经》、今日头条、腾讯头条、网易、搜狐等，通过全矩阵的媒体传播来打造"爆品"。在商业运作的同时，对于合作的贫困农户，以"基本工资＋绩效"的模式提高他们的收入。也因为种植软籽石榴效益好，越来越多的当地人愿意和罗潭蛟团队合作种石榴。种植户挣钱了，那才是真正达到了产业扶贫的效果。

创业成果

目前，团队共有合作农户600多户，户均增收2.7万元，产值累计提升1.5亿元。未来，罗潭蛟团队将继续做农产品的"爆品"打造，在做好商业本身的基础上，让更多的农户受益，提升合作农户收入，让贫困地区的农户像石榴籽那样紧紧抱在一起，共同致富！

刘庆福
线上线下，助推农产品销售

刘庆福，男，1984年生，浙江丽水人，毕业于浙江水利学院。现任庆元县宏亿农业发展有限公司总经理、庆元县禾帝农产品专业合作社理事长。曾荣获丽水市大学生创业典型、丽水市庆元县"十佳创新"之星等荣誉。

创业经历

刘庆福来自中国香菇城庆元县，当地食用菌产业发达，父母和当地大多数人一样从事食用菌种植，但只是传统的农户种植，并没有太多销路。大学毕业后，刘庆福没有像大多数同学那样选择进入企业成为白领，而是回家乡卖土特产，希望在自己辛勤创业致富的同时也能带领乡亲们一起致富。

创业的艰辛难以想象，缺少启动资金，缺少当地村民的理解，众多项目胎死腹中。残酷的现实告诉刘庆福，要做领头人，不仅要有满腔热情和周密计划，还必须有让乡亲们看得见、摸得着的东西。他来到杭州，在勾庄批发市场盘下店铺做家乡特色农产品批发，同时创办了庆元县宏亿农业发展有限公司。经过两年多的艰辛创

业,终于打开了家乡农产品的销路。

给乡亲们带去两年实打实的利益后,刘庆福取得了乡亲们的信任,销售特色农产品的团队也逐渐成形。基于此,刘庆福和乡亲们一起创办了庆元县禾帝农产品专业合作社,种植、销售庆元特色农产品,真正做到和乡亲们一起致富。

2010年,刘庆福将特色农产品带进了网络,以O2O的发展形式为核心,联动线上线下力推食用菌特产,以此带动当地其他优质农产品的销售。经过多年的发展,淘宝、天猫等网上购物平台均有庆元县特色农产品的店铺。

激烈的市场竞争和农产品质量的参差不齐,各个电子商务平台的门槛也在提升,食品流通许可证成为进驻各电子商务平台的标配。单个农户和卖家无力承担食品生产许可证的高昂费用。刘庆福决定利用自己的合作社申请食品生产许可证,为优质农产品保驾护航。只要是检验合格的产品都可以来刘庆福这里用统一的生产许可证,不仅扩大了农产品电商销售队伍,也帮助了很多青年就业。

创业成果

2015年,庆元县禾帝农产品专业合作社自建1000平方米标准化农产品加工厂房,拥有生产车间、包装车间、成品车间、原料库、冷库、加工设备、辅助设备室,并在黄田镇建有2万多平方米的食用菌大棚,作为合作社的核心园区,对各种食用菌进行标准化、规范化生产,给社员和周边农户起到规范和示范作用。

温从发
打造特色苔藓产业新模式

创业名片

温从发，男，1987 年生，浙江温州人。毕业于丽水职业学院。现任丽水市润生苔藓科技有限公司总经理。曾获丽水市杰出青年提名奖等荣誉。

创业经历

温从发在上大学期间，就喜欢捣鼓各种创业项目。在一次寻找盆景装饰材料时，他接触到了苔藓，并对其产生了兴趣，觉得这是一个填补市场空白的好项目。

毕业前夕，他揣着家里给的几十万元钱，注册成立了润生苔藓科技有限公司，专业从事苔藓产品研发工作。学校了解到情况后，免费为公司提供办公场地，用于设立办公室、大棚、研究基地等，学校相关领域教授还免费为他们提供技术指导。

刚开始，温从发主要开发苔藓的景观价值，他把培育出来的苔藓放在各式各样的容器里制作成小盆景放在网上卖，一个月销售额达到 20 多万元。2016 年，温从发开始研究苔藓空气净化装置，实现了景观装饰、燃料、生态修复、空气净

化、药用开发、生物反应等一系列功能型应用开发。产品要占领市场,大规模生产势在必行。在政府的帮助下,温从发在莲都区碧湖镇流转了50亩土地。

2018年初,农业有关部门了解到温从发创业团队的困难,为他们提供了项目支持。温从发投入150万元,政府提供配套资金150万元,解决了一二期建设资金困难的问题。苔藓空气净化装置由于操作便捷,既美化环境又净化空气,一推出就受到市场欢迎,年产值达到200多万元。

在开发苔藓净化功能的同时,温从发也从未停止对苔藓品种的研究。2016年G20杭州峰会期间,他的苔藓植物被推荐用作餐桌桌花,扮靓了整个会场,扩大了知名度。

公司名下还有一座集科普性、知识性、观赏性于一体的苔藓体验园——润生花园。为振兴乡村并扩大生产,润生花园以"1+N"(润生公司与多位低收入农户签订生产订单)的形式于莲都区碧湖镇箬溪口村建立种植生产基地50亩,带动当地就业,提高当地农户的收入。

创业成果

经过多年探索,公司年产值达800万元,以"公司＋农户"的形式,聘请转让土地的农户为企业员工,与具有生产条件的农户签订生产订单20亩,直接或间接带动当地农户产业转型,实现亩增收2万元,年增收40余万元,解决当地农村剩余劳动力的同时,促进当地农户增收。

吴 婷

"90 后" 大学生的 "仙草" 创业之路

吴婷,女,1990 年生,浙江龙泉人,毕业于杭州万向职业技术学院。现任龙泉市龙明宝灵芝专业合作社总经理、龙泉市本味园家庭农场农场主。曾获龙泉市食用菌"菌师",丽水市生态精品现代农业"大学生创业典型"等荣誉。

创业经历

　　吴婷出生于浙江省丽水龙泉市兰巨乡,是国务院命名的"中华灵芝第一乡"。

　　吴婷开始从事灵芝产业之前,家里已经有了多年栽培和销售灵芝的历史,但是种植方式非常粗放,销路非常单一,利润也非常薄,还有各种资金风险。2010 年,吴婷改进了产品包装,不再像原来那样大众化和单一化,申请了商标"龙明宝",注册了合作社和家庭农场。为了拓宽销售渠道,吴婷主动出击,线上线下相结合,并积极参加行业内的各种交流,逐步打响和提高品牌知名度及消费者对产品的认知度。

　　早几年,全国做灵芝产业的人群并不像现在这样多,但是认可灵芝的老百姓不少,她带着大包小

包各种规格的样品在全国各地跑,积累了最早的一批属于自己的经销商。这个过程需要很大的毅力和勇气。带着大大小小的样品,跑上几十家能成功几家就不错了,有时甚至会被当作推销员拒在门外。不仅如此,在外奔波,夏天天气很热,冬天经常冻得发抖,但是吴婷觉得这一切都值得。这批客户沉淀

下来,成了吴婷创业后最早的一批采购商。现在吴婷积极运用网络进行推广,凭借多年积累下来的口碑和客户体验,又获得了不少采购商。

创业成果

吴婷的产品不仅面向国内市场,还出口到韩国、日本等。此外,她也为各大药企和外贸公司提供纯正的灵芝孢子粉和灵芝子实体。2019 年销售额达到800 万元。

下一步,吴婷打算进一步推广龙泉灵芝,让更多的人了解龙泉灵芝并且认可龙泉灵芝,通过自己的努力,带动更多农户增收。

丁树亮
返乡青年的杨梅产业链塑造之路

创业名片

　　丁树亮，男，1986 年生，浙江丽水人。毕业于宁波财经学院。现任缙云县成禧生态农业开发有限公司总经理、丽水仙醉农业科技有限公司法定代表人。

创业经历

　　2013 年已是互联网大数据的时代，这给了丁树亮回乡创业的勇气。

　　丁树亮的第一个项目就是淘宝农产品店铺，取名盘溪公社，主要收集高品质的原生态食材及手作农产品，如手工面、古法豆腐乳等。但是这种零散的卖货，并不能给家乡带来大的改变，他认为唯有产业升级才有改变山村格局的力量。收集土货时，他跑遍了缙云南乡区块的小村落，发现三四十年的杨梅树大

量在山体上种植，杨梅果很难保存，且近年来东魁杨梅品种受人青睐，这里种植的荸荠种杨梅有些滞销，农户收益较差。本着发展产业链的念头，丁树亮有了做杨梅深加工产品的想法，试图使用差异化新工艺做取汁精酿的低度杨梅果酒。2014年，丁树亮试验成功。次年，他开始寻找厂房，购买设备，提升技术，于2016年成功建厂。

丁树亮购置国内先进的酿酒发酵装置，集脱核、压榨、发酵、灌装于一体。产品遵循原色、原汁、原味无添加的大健康方向，打造精品产业链，塑造品牌，本着助力农民致富的理念，生产特色杨梅果酒。2016年底，丁树亮申请到SC生产许可证，创建江南谣杨梅果酒品牌。2017年，产品上市。如今，江南谣杨梅酒系列产品销售范围遍及国内10多个省份，连续几年在浙江农业博览会上获产品优质奖荣誉。

创业成果

公司目前已有成熟的运营团队和技术力量雄厚的科研团队，成功开发出低度杨梅发酵酒产品。江南谣杨梅酒生产以荸荠种杨梅为主，农户的小杨梅有了出路，带动当地农民增收200万元以上。此外，杨梅采摘，以及酒厂的生产运营过程都需要大量劳动力，这也拉动了当地就业。

公司在收购农户杨梅，并将一些农户纳入企业劳务体系的同时，还利用基地建设深入农户。企业后续研发的深加工产品，如果粉，可提供给农户做特色手工食材，增加特色产业的衍生品，给农户增收开拓渠道。

卜伟绍
云和渔夫，科技示范铸品牌

卜伟绍，男，1976 年生，浙江云和人，毕业于浙江广播电视大学。高级农艺师，中国渔业协会理事、浙江省科协第十届委员会委员、丽水市青年联合会第五届常委、丽水市农业生态协会副会长、现任丽水市云和县养殖产业农合联理事长，云和县清江生态龟鳖养殖专业合作社负责人。曾获浙江省农村青年致富带头人、浙江省农村科技示范户、丽水精英农师等荣誉。

◇ 创业经历 ◇

1997 年，卜伟绍从学校毕业之后，在杭州、金华等地从事水产养殖十余年。2007 年，他毅然回乡创业，利用家乡的优质生态资源，创办云和县清江生态龟鳖养殖专业合作社。2009 年开始，卜伟绍在紧水滩水库进行网箱养鳖试验，并在 2010 年建设了瑞滩生态鳖养殖基地。卜伟绍还进行了"温室＋池塘＋网箱"的三段式中华鳖生态养殖创新模式，解决了养殖中普遍存在的"水生态失衡"难题。

为带动浙西南甲鱼养殖的发展，卜伟绍全心全意地为养殖户提供包括场地建设、优质苗种供应及产前、产中、产后的全程技术指导与服务。2012 年，卜伟绍创建了高山稻鳖共生基地，开展高山梯田生态养鳖试验示范，取得了

很好的效益。高山稻鳖共生基地已经被确定为今后丽水稻田养鱼推广的重要模式之一。

目前，卜伟绍已建成石浦繁育基地、卜家生态鳖流水放养基地和梯田生态综合种养科技示范基地，年产优质鳖蛋 12 万只，培育幼鳖鳖种 18 万只。

2018 年，合作社销售额达到 400 万元以上，向周边莲都、景宁、庆元、文成等区县提供优质幼鳖鳖种 5 万多只，发展了稻田养鳖、藕塘养鳖、水库网箱放养等新型养殖模式。2014 年，产品加入"丽水山耕"，2009 年，卜伟绍所创"云河"牌中华鳖通过无公害农产品认证，2018 年通过有机农产品认证，先后获得云和名牌产品、云和县著名商标、丽水名牌产品、丽水市著名商标、浙江省著名商标，2016—2019 年连续 4 年获浙江省农博会金奖，成为丽水知名度较高的水产养殖品牌之一。

创业成果

从 2008 年开始，合作社承担 7 项云和县重点科研项目、4 项省级科研项目，取得 8 项科技成果，多次获得科技进步奖，在学术期刊上发表论文 13 篇，申请专利 8 项，完成地方标准制定 1 项。

合作社成立了云和县山区水产养殖技术研究所、云和县云河渔业专业合作社联合社，并聘

请了省、市水产专家组成专家团队，与科研院所建立了专家联系渠道。合作社多次举办云和县生态渔业科技论坛，推动县特色水产品养殖发展，成为丽水市渔业发展的一个新亮点。

叶荣娟
探索海拔经济，于农村舞台寻找初心

创业名片

叶荣娟，女，1984年生，浙江景宁人，毕业于绍兴文理学院。现任景宁畲葛山农业开发有限公司总经理，兼任景宁县绿色畜牧农合联副理事长、景宁畲族自治县生态精品农产品行业协会会长、景宁县鸬鹚乡科学技术协会副会长、丽水市乡村振兴青年协会理事。曾获丽水市"乡村振兴，巾帼先行"女大学生创业典型、丽水市"科技振兴乡村，乡贤回归"典型等荣誉。

创业经历

2015年，一次机缘巧合下，叶荣娟在与老同学闲谈中，得知近几年县里农村发展形势很好，老同学也在葛山村创办了一个稻鱼共生基地。多年的城市生活，叶荣娟深知大众对食品安全的重视。在了解了基地实况、创业理念的情况后，叶荣娟毫不犹豫地回到葛山村，走上了生态农业创业之路。葛山村海拔900米左右，距县城30千米，是个山清水秀的山村。叶荣娟相信这里的山和水也能转化为财富。

2015年3月，叶荣娟辞去杭州的工作，正式回到老家葛山村，成立了景宁云顶家庭农场，从事高山土鸡生态养殖，并在养殖过程中融入畲药材、高蛋白虫类等，开创了高山畲药虫草鸡生态养殖模式。

2016年，叶荣娟和老同

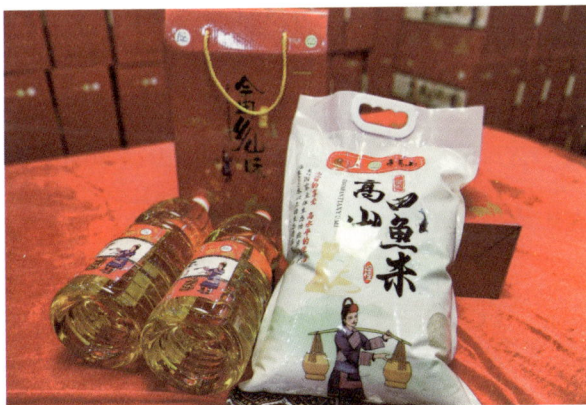

学合计将葛山村周边的几家农场合并，成立景宁畲葛山农业开发有限公司。公司主要通过构建畲药虫草鸡和稻鱼共生等多模块种养结合的生态循环系统，实现高标准生态精品农产品产出。

同年，景宁推出农业区域公共品牌"景宁600"，作为"丽水山耕"的子品牌。而"畲葛山"的高山生态精品农产品系列完全契合"景宁600"的高品质要求，在2017年成为首批政府授权准入的企业之一。

2018年，叶荣娟联合县内生态农业经营主体共同筹建了"景宁600"生态精品农产品营销联盟，打破了以往县内农业主体单打独斗的格局，迈出了"小主体大联盟，抱团共闯市场"的创新步伐。

创业成果

在叶荣娟等人的带动下，葛山村不少乡贤开始回归，在"畲葛山"基地周边，重新激活了一片又一片抛荒土地，让它们焕发生机，发挥经济价值。目前，一条"景宁600"葛山产业带已初步形成，并带动了葛山民宿的起步。2019年，叶荣娟团队成功策划了"景宁600"生态文旅节——首届葛山黄桃采摘节活动等，同时引入生态宴和"景宁600"生态精品农产品展销等环节，吸引了上千名游客到来，实现销售订单200余万元。

目前，"景宁600"生态精品农产品营销联盟拥有近30家景宁县政府授权加盟"景宁600"区域品牌的生态农业主体，通过构架"联盟+基地+小农户"的衔接模式，带动了不少农户就业增收。

后 记

　　坚持典型引路，用先进案例鼓舞人、教育人、引导人、带动人，历来是我们重要的工作方法。为深入贯彻落实省政府"两进两回"行动，进一步引导青年回农村，并在助力乡村振兴中发挥典型引领作用，我们从全省各地精选了优秀农创客案例，汇编成书，生动展现我省农村"双创"的蓬勃活力与精彩风貌。农创客们以高学历投身农业，为农业农村注入新活力；用新思维从事农业，灵活地把新理念、新方式、新手段、新模式运用到农业领域；把创业经验植入农业，具有谋略决策、沟通协调、组织指挥和创新创造能力；带动农民提升农业，不断引导农户调整种养结构，推动资源要素向农业和农村集聚，走出一条农业高质量发展之路，带动农民增收致富。他们是乡村振兴的生力军，是"重要窗口"最亮丽的"农创"风景。

　　青春在破茧成蝶中更加绚丽，事业在涅槃重生中创造辉煌。未来，在各级党委政府的高度重视下，农创客必将释放出更加强劲的活力，以更昂扬的斗志在广袤的农村大地奋力耕耘，书写不一样的创业人生。

　　我们努力使本书臻于完善，由于时间和水平所限，书中难免有疏漏之处，敬请指正。

编　者

2020 年 9 月